仏教は世界を救うか

［仏・法・僧］の過去／現在／未来を問う

◉パネリスト

井上ウィマラ
……高野山大学准教授

藤田一照
……曹洞宗国際センター所長

西川隆範
……シュタイナー研究家

◉司会

鎌田東二
……京都大学こころの未来研究センター教授

◉東京自由大学特別企画《現代霊性学講座》連続シンポジウムより

地《ち》湧《ゆう》社

はじめに

本書は、ＮＰＯ法人東京自由大学の特別企画シンポジウムとして行った三回の連続シンポジウム《仏教は世界を救うか？　現代霊性学講座》をまとめたものです。

一年半に及ぶ、この連続三回のシンポジウムの参加パネリストは、井上ウィマラ氏（高野山大学准教授）、藤田一照氏（曹洞宗国際センター所長）、西川隆範氏（シュタイナー研究家）の三名でした。

その第一回目は、「仏とは誰か？」をテーマに、二〇一〇年九月一九日（日）に開催しました。そこで、各パネリストは、「わたしはいかにして仏と出会い、仏教徒となったか」をそれぞれのライフヒストリーを交えて語り合い、ブッダという人間の歴史的意義を探り、個の発心《ほっしん》（発菩提心）と仏道修行と仏法探究の意味と可能性を議論しました。そのとき、コメンテーターとして、戸田日晨氏（遠寿院荒行堂住職）と野村懐忍氏（高野山東京別院執事）を招いて発言して頂きましたが、本書ではページ数の関係上、掲載できませんでした。

第二回目は、「仏法は真理か？」をテーマに、二〇一一年三月五日（土）に開催しました。苦からの解脱の教えと実践である仏教の真理性とは何であるか、そしてそれはおよそ二五〇〇年の歴史のなかでどのように多様・多彩に展開・変容してきたかを語り合いました。

第三回目は、「仏教は社会に有用か?」をテーマに、二〇一一年一〇月一五日(土)に開催しました。このとき、第二回目の後すぐに起こった「3・11」東日本大震災の体験と、それを踏まえて仏教の社会性と現代性、サンガ(僧侶共同体)について、熱く論議しました。

この全三回の連続シンポジウムを通して、仏教という解脱と智慧の求道の試みが、過去/現在/未来に至るさまざまな自己探求に多大な洞察・指針・示唆・覚醒を与え続けてきて今日に至ることを改めて再認識したと思います。

そして日本には、仏教が多様なままで保持されながら、在来の神道とも深く相互浸透しつつさらに多様に展開されてきたことを確認しました。その神仏習合という形での相互浸透と共存の持つ未来可能性と有難さ・重要性についても確認できたと思います。

仏教は人類史の一大文化遺産であり、探求者にとって、生きる指針となり、知恵と実践の源泉です。

NPO法人東京自由大学は、霊性の探究を基軸において、自由な学問的探求と芸術的表現を二本柱にしつつ進めてきました。パネリストの三氏は、それぞれに皆、長らくボディーワークや唯識ゼミ(仏道探求ゼミ)やシュタイナーゼミを担当していただいた東京自由大学の常任講師のような方々です。

三氏に共通していることは全員が一九五〇年代生まれで、皆ともに、お寺の生まれではなく、二〇代で出家求道し（井上氏はテーラワーダ仏教、藤田氏は禅、西川氏は密教の真言律宗）、長期の海外遍歴滞在体験があり、それを踏まえて、今この時代に自分が学んできた実践や思想がどのような意味と役割を持っているのかをそれぞれに鋭く深く追求してきた点にあります。

そのために、本連続シンポジウムは、ヴィパッサナー瞑想、禅、シュタイナーへの沈潜と参入を通して、この現代世界のなかで何を果たし得るのかという問題意識を胸に、独自の活動を展開しながら、この混迷する現代社会のなかで、変容し続ける仏法・仏教・仏道の可能性を未来社会に向かって訴求する意義あるシンポジウムとなりました。今、そのシンポジウム記録を単行本として地湧社より出版できることを、パネリストの方々と地湧社の増田圭一郎さんと編集者の浅海邦夫さんに、NPO法人東京自由大学スタッフ一同、心より感謝いたします。

本書が、道を求めて探究を続けている皆さまの力づけとヒントになれば、心より嬉しく思います。

二〇一二年四月二八日

NPO法人東京自由大学理事長　鎌田東二拝

＊NPO法人東京自由大学については、ホームページ＝http://homepage2.nifty.com/jiyudaigaku/ 参照

仏教は世界を救うか●目　次

Ⅱ 仏法は真理か ―― 111

I

仏とは誰か

◆我々は、現代社会にどのようなともしびを掲げ求めることができるか

（法螺貝の音）

鎌田　皆さま、こんにちは。本講座の司会を務めさせて頂きます、ＮＰＯ法人東京自由大学理事長の鎌田東二です。

今、法螺貝の奉奏をもって始めました。実は、法螺貝は、『法華経』『阿弥陀経』『修験道』の経典のなかで、真理の響きを世界に伝えていく大切な法器とされています。法の螺をもって鳴り響かせ、法鼓すなわち法の太鼓を叩いて仏法を世界に広宣する、ということが慣用表現として出てまいります。今日は《現代霊性学講座》という表題のもと、仏教を中心に話をしていきますので、まず法螺貝でもって仏法の真理の世界をどう響かせていくことができるかという思いをもって大ホラを響かせて頂きました。

東京自由大学は一九九九年二月に設立し、今年で満十二歳を迎えました。二〇世紀の終わりの「失われた一〇年」の時代状況のなかで立ち上げ、二〇世紀の後半から二一世紀にかけて活

動をしてきましたが、霊性の探究を基軸において、自由な学問的探求と芸術的表現を二つの柱にしながら進めてまいりました。そして東京自由大学がやっている各種講座やゼミのなかで、本日お集まり頂いている井上ウィマラさん、藤田一照さん、西川隆範さんのお三方にはそれぞれに長らく、ボディーワークや、唯識ゼミや、シュタイナー・ゼミなど、さまざまな形で講座やゼミを担当してきて頂きました。いわば東京自由大学の常任講師とも言える方々です。

それでは、この三人に共通していることはいったい何か。

一つは、全員が一九五〇年代生まれだということ。ということは、戦後一九五〇年代から六〇年代に幼少期を過ごしたということで、いわゆる「戦争を知らない子どもたち」と言われ、そんな題の歌がはやった時代でもあり、「フラワーチルドレン」とか「ヒッピー」とか「フーテン」というタームが、なにがしか共有されていた世代です。あるいはニューエイジのはしりと言いましょうか。そういう年齢の方々です。それが第一の共通点。

二つめの共通点は、三人ともに、二〇代で出家求道していることです。井上さんはテーラヴァーダ仏教、藤田さんは禅、西川さんは密教の真言律宗。

三つめの共通点は、三人それぞれが海外遍歴体験、海外滞在体験があるということです。井上さんはミャンマー、イギリス、カナダ、アメリカで仏教の瞑想修行や心理療法を学びました。藤田さんは長いことアメリカにいました。また、西川さんはドイツやスイスでシュタイナーの研究をしてきました。それぞれに東南アジアや欧米など、海外に長くいて、そこで瞑想やセラピーの実践と体験を深めると同時に、それを支える理論をつかんできました。

四つめの共通点は、そういう海外の同時代の現象を垣間見ながらも、今この時代に自分が学んできた実践や思想がどのような意味と役割をもっているのかを、それぞれに鋭く深く追求してきた点です。シュタイナーであれ、禅であれ、ヴィパッサナー瞑想であれ、それらはいったいどういう意味をもつのか、どういう役割をもっているのか、この現代社会、現代世界のなかで何を果たし得るのか。そういう問題意識をお三方がそれぞれにもって、独自の活動をして、一人ひとりそれぞれ独自の非常に個性的な道と世界をたどっている。


そういう体験と思想を率直に語り合うことを通して、この混迷する現代社会のなかで、仏法を元にしたどのようなともしびを我々が掲げ求めることができるのかを、自在に探求していきたいと思います。

それでは、「私はなぜブッディストになったのか」、「仏陀＝ブッダとはいったい何者か」ということを、ご自身のライフストーリーにからめてお話し頂きましょう。まず井上さんからお願いします。

余はいかにして仏教徒となりしか――井上ウィマラ

◆仏教への思いを込めて

井上　井上ウィマラです。三〇分頂きまして、自由に使えるということなので、最初に二つ歌を歌ってみたいと思います。私が仏教への思いを込めた歌です。

私がビルマで修行していたテーラワーダ仏教では、何かをする前に必ず唱える言葉があります。こんな響きです。

♪ナモー・タッサ・バガヴァトー・アラハトー・サンマーサンブッダッサ
（阿羅漢であり、正自覚者である彼《か》の世尊に礼拝いたします）

これを三回唱えます。最初の曲はそれを現代風にアレンジした曲です。

二番目の曲は、仏・法・僧の三宝《さんぽう》に帰依《きえ》することをテーマにしたものです。三宝帰依については、勉強すればするほど、とても大きな意味をもっていたんだなあと理解が深まってきています。ブッダが布教を開始した当初は、この三宝に帰依することを宣言するだけで出家が許されました。今ではずっと複雑な出家の儀式が必要になっています。三宝に帰依することを他者に伝えるコミュニケーションが、出家修行者となるための儀式たり得たんですね。それはこんな響きです。

♪ブッダン・サラナン・ガッチャーミ、ダンマン・サラナン・ガッチャーミ、
サンガン・サラナン・ガッチャーミ。
(ブッダをよりどころとして帰依いたします、ダンマをよりどころとして帰依いたします、

井上ウィマラ
(いのうえ　うぃまら)

1959年、山梨県生まれ。京都大学文学部哲学科宗教哲学専攻中退。29歳で北九州世界平和パゴダビルマ僧院にて出家、ビルマにて得度。パーリ経典、アビダンマ瞑想心理学などを研究。タイ、スリランカ、イギリスの仏教コミュニティを巡礼。1991年から日本にて長部経典、注釈書の翻訳と瞑想指導。1993年よりイギリス、カナダの瞑想センターでの瞑想指導、精神分析をはじめ各種の心理療法を学ぶ。1997年アメリカ東部マサチューセッツにて還俗。医学大学でストレスリダクション・プログラムを研究。帰国2005年より高野山大学スピリチュアルケア学科准教授。
著書に『心を開く瞑想レッスン』(大法輪閣)、『呼吸を感じるエクササイズ』(岩波アクティブ新書)、『人生で大切な五つの仕事』(春秋社)、『呼吸による気づきの教え』(佼成出版)。訳書に『ブッダのサイコセラピー』(春秋社) など。

サンガをよりどころとして帰依いたします〉

ブッダを礼拝することと、三宝に帰依すること。三〇年かけてそれをどういうふうに理解しているのか。その思いを歌にしたので、最初に聴いて頂きたいと思います。

〈歌、ギターにのせて〉

♪ナモータッサ、バガヴァトー、アラハトー、サマーサンブッダッサ……
その人は幸せの道を示してくれる
その人は生きる意味を開いてくれる
なんで生まれてきたのか、どうして苦しみながら生きていくのか
その人は悟りの光で照らしてくれる
ナモータッサ、バガヴァトー、アラハトー、サンマーサンブッダッサ

次は三宝帰依の歌です。

♪目覚めた心で生きていこう、ブッダン・サラナン・ガッチャーミ
真理の教えがよりどころ、ダンマン・サラナン・ガッチャーミ

つながりのなかで歩いてく、サンガン・サラナン・ガッチャーミ
ありのままの私を見守ってくれる
目覚めた心で生きていこう、ブッダン・サラナン・ガッチャーミ
暗闇で道を照らしてくれる
真理の心がよりどころ、ダンマン・サラナン・ガッチャーミ
ひとりでは歩ききれない道を
つながりのなかで歩いてく、サンガン・サラナン・ガッチャーミ

ありがとうございました。

お坊さん時代は戒律が厳しかったので歌舞音曲は一切だめで、二〇年くらいギターには触りませんでした。その後、甥っ子を抱っこしたことがきっかけになって出家の生活をやめて還俗《げんぞく》して、今年で一三年ぐらい経ちます。

あるとき、昔ギター弾いてたよなって思い出して、またギターを弾くようになってから、自然に曲ができるようになりました。どんなときに曲ができるかというと、つらいとき、悲しいとき、苦しいとき。もうひとつは、「ああ生きていてよかったなぁ」と思うときに曲が湧いてきます。

今日は鎌田先生から探求と表現というお話がありましたけれども、私はこんな形で一つ自己

表現の場をもっています。出家の生活では許されませんが、在家生活のなかで自分が体験したことを楽曲の形で表現することで、私自身も心が洗われるような気持ちがしますし、なかには聞いてくれて、よかった、と言ってくれる人もいるので、これは自分一人の体験ではないのだなぁというふうに思えることがあります。

◆生きている意味を問うことから

今回は「仏との出会い」ということで、「余はいかにして仏教徒となりしか」ということがテーマなのですが、改めて自分は仏教徒なのだろうかと疑っています。いい意味で疑っているのです。私は多分、一般的な意味で仏教徒です。しかし、伝統的な意味における宗教としての仏教徒であるのかに関しては、大きな疑問を感じている自分もあるということです。

歌のなかに表現したように、私はブッダの大ファンです。誰にも負けないくらいブッダのことは勉強しているし、考えているとも思っています。何かあるたびに、もしブッダが生きていたらどういうふうに言うだろうかと、それをいつも考えますね。

なんでこんなにブッダのことが気になるのか、好きなのだろうかと考えることがあります。私はもしかしたらブッダが生きていた時代に、ブッダが瞑想している洞窟に止まっていたコウモリだったかもしれない。そんな気がすることがあります。なぜそうなのかというと、お経を読んでいるとふと出会うんですよ。ブッダのことを知るためにとても大切なお経に。それは探して出会うというよりも、ふと導かれて出会う、という感じなんですけれど。そんな気がしています。

私は宗教としての仏教に出会う前に、大きなものを探求するという一つの宿命を感じた記憶があります。それは人生の原風景のようなかたちで今も私を導いてくれて、これからも死ぬまで導いてくれると思うんですけれど、こんな体験でした。

私は農家の生まれです。農家ですから納屋があったのですけれども、その納屋の板壁から、初秋の寒くなりはじめの朝早く、朝日が幾筋も差し込んできて、キラキラと舞っている塵《ちり》を見ていました。小学校に入る頃、六、七歳くらいのことだと思います。これは、そのときのイメージ体験を大人になってからの私が言葉で説明するものです。子どもの頃の体験はもっと直接的で強烈だったと思うんですけれども、それがどんな意味をもって自分の人生を導くことになるのかということには全然気がつきませんでした。

その朝日のなかでキラキラ舞っている塵を見て、私は夜空の天の川を思い出しました。田舎ですから星空がきれいで、見上げると降るような天の川がありました。ちょっと寒かったのでポケットに手をつっこんでいたんですけれども、手の指の指先に塵が、ゴミがついているのに気がついて、このチリが目の前の朝日のなかで舞っている塵で、この塵のなかには、もしかしたら夜空の天の川のような宇宙と同じくらい広い世界があるのかもしれないな、という気がしたんです。一瞬のことです。

そして、その夜空の世界と、目の前の朝日のなかでキラキラと舞う塵の世界と、その塵のなかにあるかもしれない夜空の世界、今で言うと宇宙論と日常生活のお話とそれから素粒子論の世界みたいなものでしょう。その三つの世界が通じていて、その三つの世界を繋ぐなにかパイプのようなものを見つけたら僕は自由になれる、自由になりたいと思ったんです。

今から考えると、生きることの重苦しさのようなものを、もうその頃から感じていたんだと思うんですけれども、このイメージがずうっと私を導いてくれているように思います。

私は最初、科学者になりたいと思っていたんですけれど、だんだんと数学や数式、物理学では解けない世界があるような気がしてきて、哲学とか宗教に関心を持つようになりました。高校の頃です。

高校二年のときに倫理社会の教科書で道元の『正法眼蔵《しょうぼうげんぞう》』現成公案《げんじょうこうあん》に出会いました。「仏道をならうというは自己をならうなり、自己をならうというは自己をわするるなり。自己をわするるというは、万法《まんぽう》に証せらるるなり」ってね。これだと思ったんですね。仏教というのは何か分からないけれど、自分はなんで生まれてきて、なんで生きていて、死んだらどうなるんだろう、生きている意味ってなんだろうか、ということを知るためにはこれなんだという気がしました。

いろんな人の言葉や本のなかで説かれていることは、ものごとの周りをぐるぐる回って核心にすぱっと入っていかない。そういうもどかしさを感じていたんですけれども、この文章に出会ったときに、物事の核心に入っていく直截さ、シンプルさ、みたいなものがあるような気がして、自分はこれを探していけばいいんだという気がしました。それから坐禅をするようになりました。

◆瞑想修行で出家者になる

その後、仏教というものに哲学的にアプローチしてみたり、宗教的にアプローチしてみたりしたんですけれど、もっと実践的で生身の自分の身体で生きていくことのできる、人生のなかで助けとなるような教えであってほしいなぁ、という気がしました。

日本では曹洞宗を中心とする禅宗で学んだり、そのほかにもいろいろな先生方や同僚のご縁に導かれて学んでいたんですけれども、何か私が知りたい仏教ではない、別のものを教えられているような気がして、満足できなかったんですね。

そんなあるとき、ビルマの仏教に出会いました。門司の世界平和パゴダにあるビルマ僧院でビルマのお坊さんたちに出会って、そこでヴィパッサナー瞑想を教えてもらって、ああこれだな、という体験をしました。この枠のなかで自分は頑張っていけばいいんだという感じです。二〇代後半にさしかかった頃のことです。

禅宗で修行しているときは分刻みのスケジュールのなかで一つひとつキチキチやっていく。応量器の使い方、作法なんかもどういうふうにすれば美しく食べられるか、そういう感じでした。ビルマのお坊さんたちに教えて頂いたヴィパッサナー瞑想では、寝ている時間以外はすべて瞑想しなさいっていうだけでした。何をしなさい、こうしてはいけないという、そういうスケジュールの重力から解き放されて、何をしていても瞑想さえしていればいいよと、ある種の無重力空間に放り出されたような感じがして、最初はとても怖かったことを覚えています。分かりますか、忙しい日常生活のなかであれをする、これをするというルーティーンがない不安です。

そういう無重力生活の怖さが湧いてきて、そのとき何をしたかというと、書くことは許されていなかったんですけれども、新聞に入ってきた古い広告の裏紙を使って縦軸と横軸を引いて、毎日毎日の自分の体温と気温と天気、それから自分の心、体調の変化を記録し始めました。そうでもしなければ、ほんとに広い宇宙空間のなかでよりどころなく漂っているような気がして、不安だったんですね。

すると、だいたい二週間か三週間の周期で、ここは自分にとって最高の修行の場所だっていうパラダイス幻想と、こんなところにいて瞑想なんかしていても意味がないから早く別のところに行った方がいいんじゃないかっていう地獄からの脱出幻想が周期的にやってくることに気がつきました。多分それまでに三、四カ月かかったでしょうね。その間、先生たちは淡々と見守ってくれました。

自分のなかに湧いてくるそうした理想化と拒絶の波がある。それに騙されなくてもいい、その波が作り出す心の物語にさらわれなくてもいいよ、ということが何となく分かってきました。この瞑想でいいんだと思ったときです。

そんなことで、本当に仏教にはまりました。それからビルマに送っていただいて、また一生懸命に瞑想修行を積み重ねて、先生に改めて正式な出家の儀式をして頂きました。そのときは、ずっと昔から一緒に修行してきた仲間に取り囲まれて出家の儀式をして頂いているような気がして、思わず涙を流してしまいました。ところが、私の修行ぶりを見ていた同僚たちは、まさか私があそこであんなに泣くとは思ってなかった。彼らが、どうしたんだってびっくりするくらい、けっこう泣きましたね。

そのときはある種の悟りに近いような体験、これが悟りだろうなという体験をしていたこともあったので、多分、自分はお坊さんをやめることはないなと思っていました。これで生まれてきたことの意味が分かったと、出家の儀式の最中にそう思いました。私も、同僚や先輩方も、私が将来お坊さんをやめるとは思ってなかったと思います。

◆ほとばしり出る思いに従って還俗

でも人生とは不思議なもので、それからビルマを出てカナダ、アメリカ、イギリスで瞑想を教えながら心理療法を学び、さまざまな教えと学びを積み重ねて一〇年くらい経ったときに、また大きな人生の転換に出会いました。それは赤ちゃんを抱く体験でした。

弟のところに赤ちゃんが生まれて、その赤ちゃんを祝福してほしいと頼まれました。弟はカナダに移住してカナダ人と結婚して、義理の妹のベッキーが祝福してほしいということで呼ばれて、赤ちゃんをホイッと渡されました。一週間になるかならないかの赤ちゃんです。テーラワーダ仏教には女性に触れてはいけないという戒律があるので、男女両権の西洋社会で布教する際には男性にも触れないようにしていました。そんな人との接触がほとんどない生活をしていたので、生まれたばかりのなまなましい赤ちゃんを抱っこするのは、私にとってとても不安な体験でした。

この子を落っことしてしまったらどうしよう、こぼれ落ちてしまうんじゃないかという不安です。しかし、実際に受け止めてみると、突然「おぅ、命を賭けて守ろうじゃないか」みたいな気持ちが湧いてきて、びっくりしました。

若かりし頃、私はバトミントンが大好きで、高校ではバトミントン部のキャプテンをしていました。「鬼の井上」とか言われて頑張っていた時代もあったんだけれど、そのときの井上がふっと甦ってきてですね、命を賭けて守ろうじゃないかみたいな気持ちが出てきてしまって、それでもそんな自分を瞑想して、眺めて見守っている自分もいて、それに驚いてしまったわけです。

えっ！　瞑想道場などであんなにいろんな慈悲の瞑想とかしてきたけれども、こんなに熱い思いで命を守りたい！　というような、こんなにほとばしり出るような思いやりというのは感じたことがなかった。これは私にとっての体験です。他のお坊さんではどうか分かりません。でも、私自身にとっては修行のやり残しがあると直観したわけです。

自分の人生、このまま出家したままでいくと、なんか冷たいまんまでやり残した気がするだろう。お坊さんとしてだけではなくて、日常生活のなかで家庭を営むとか、子どもを育てるとか、それまでは修行の邪魔だと思っていたような普通の生活のなかに、これまで修行してきた、あるいは教えてきた瞑想をもう一回応用したり実践したりしていくことで自分の人生は満たされるだろう、そうしないと満足できないだろうというふうな気がいたしました。そんなこんなでお坊さんをやめて、それから一三年くらい経ちます。

お坊さんだった時代が二〇年近くありましたが、お坊さんをやめるときに相談した先輩からは、還俗してから一般生活に戻れるまでお坊さんをやっていた期間と同じくらいリハビリに時間がかかるよって言われました。まだ私はお坊さん癖をぬけ出すためのリハビリ中なのかもしれません。

そうして思い切ってお坊さんをやめて、それまでに身につけた瞑想を一般的な、ごくごく普通の生活に応用したらどうだろうかということを日々実験、修行しています。家庭とか親子とか夫婦ほど厳しい道場はないなぁ（笑）、ということを痛感しながらです。

◆ブッダもまた自ら生きる苦しみの中を歩き通した人だった

さて私のブッダ観ですが、私はもとから仏像は大嫌いで、やっと最近、仏像嫌いっていうのか、アレルギーが解けて、仏像とか神様とか何かを拝んでいる人に対して優しい気持ちになれるようになってきました。

なんで仏像が嫌いだったかというと、仏像はそれを作った人の感じがなんとなくその仏像に出てきているのが気になって、ブッダそのものに届かないような気がしていたのです。経典を読んでみると、ブッダは多分あんな羅髪《らほつ》じゃなくて坊主頭だったようです。なぜかというと、たまたまブッダと同宿した修行者はその人がブッダだということに気づかず、「私の師匠はブッダと呼ばれる人で、こんな教えを説いているんですよ」と熱い思いを語ります。共に一晩明かして様子をみてみたら、どうも他の人と様子が違うから、もしかしたらと思って、「あなたはもしかしてブッダご本人ではないですか」と聞いてみたら、そうですよと言う、そういう話が残っています。ブッダに対してお説教をしてしまったというお経です。

するとやはり羅髪じゃないですよね。だから仏像に対して違和感があるんです。ブッダ自身も仏像を作ることに対してはよく思っていませんでした。ブッダを見るということはダンマを見ることだ。私のこの身体は腐っていくものだし、表面的に私を見たり好きだということではなくて、ダンマ、真理を示す法を見ることがブッダを観ることになるのだ、ということを厳しく言われた方でした。

それから、日常生活のなかで人に対してさりげない優しさを実践した人でした。自ら病気になった修行者を看病したという話が残っています。サンガ（修行共同体）の義務を果たさなかったので、病気になっても世話してもらえず、自分の糞尿にまみれてほったらかしにされていた修行者がいました。ブッダはその修行者に、どうしたのですかと尋ねて、弟子のアーナンダとふたりで水を汲んできて綺麗に洗ってあげて世話をしました。それからサンガを召集して、病気になっても世話してくれる家族のいない出家生活なのだから、どんな人であっても修行者同士命が尽きるときまで世話し合いなさいということを教えました。

それから修行者みんなで真面目に看病することを瞑想的な実践として修行したようで、律蔵のなかには看病しにくい患者の五条件とか、上手に看病できるための五条件とか、こと細かに書かれています。日常生活の相互扶助のなかに瞑想的な実践をとりいれることを自ら示された方なのだと思います。

後半になると、ブッダもお疲れになったのか、説法の途中で席を立って、あとは弟子、サーリプッタなどの高弟にこの続きを話してくださいというようにしたこともあったようです。仏性、仏智、あるいは全知全能であったのかということにも関わるのですけれども、私はそういうことはなかったんじゃないかと思います。

仏の在世に、出家修行者の集団自殺がありました。これは律蔵に出てくるお話です。これを犯したらお坊さんをやめなければならないというパーラージカと呼ばれる戒律が四つありますけれども、その第三パーラージカ、「どんなことがあっても、人の命を絶ってはならない」という戒律が制定される背景となった事件です。

その当時、ブッダは死体観察の瞑想を若い修行者のために勧めていました。性欲に悩む若い修行者は、死体を見ることによって、人間の身体の容姿の変容のありさまを直接的に体験し、性欲に対しての非常に強烈な解毒剤を得ることになります。

しかし、これは非常にインパクトの強い瞑想法で、よい指導者のもとで行う必要があります。死体を見ること自体がトラウマになりますし、それによってコンプレックスがかきたたせられて自殺衝動が出てくる場合があります。そのときにも、ブッダはこの瞑想法を教えた後で二週間ほど深い瞑想で森の中にこもってしまうのですが、死体瞑想をしていた修行者たちは死体を見ているうちに、嫌悪感に翻弄され、死んでしまった方がいいと思って、自殺したり、殺しあったり、死にきれなくて殺し屋を雇って殺してもらった、そんな事件が起こりました。何十人、あるいは何百に近い修行者が亡くなったという事件でした。今こんなことが起こったら大ごとですよね。

こういうことは学者も先生方もあまり表沙汰にしません。この事件のあとで、ブッダは死体瞑想の代わりに呼吸瞑想を推奨し始めます。侍者のアーナンダが「先生、死体瞑想ではインパクトが強すぎるので他の瞑想法を教えてくださったほうがいいようです」という懇願をいたします。ブッダも相当いろんなことをお分かりになっていたんですけれども、こういうふうな出来事もあったのです。

しかし、ある注釈書ではこういうふうに説明してあります。ブッダはそのことを知っていたけれども、彼らの業《ごう》が変えられないものであることを見通してこもっていたのだと。こういう注釈書の記述を私たちはどういうふうに解釈したらよいのでしょうか。今問われるところです。


こういうことを含めて、ブッダはいろいろな悲劇に直面して生き抜かれました。自分自身の出自の釈迦族も滅亡させられています。二度までは止めようと努めましたが、やはり三度目には釈迦族の業を見て身を引きました。そうしたさまざまな事件に出会いながら、真理を説き続けた、その真理の法が、私たちを幸せに導いてくれるのです。

ブッダは『スッタニパータ』のなかで三十八の幸せを説いています。その最後は涅槃《ねはん》、苦しみが消えた涅槃の幸せです。涅槃を体験すると浮き沈みに満ちた世間の無常の風に吹かれても心は動揺せず、憂いなく安らかでいられる、それが最高の幸せだということを説かれた。幸せというのを、生きる苦しみの消滅、という形で私たちに説き示してくれたのです。そして、自分の人生のなかで起こった数多くの苦しみから逃げず、一つひとつそれに向かい合いながら教えを説き続け、仲間たちと一緒に、弟子たちと一緒に、歩み続けた人であるように思います。

鎌田　どうもありがとうございました。

自称神道ソングライターとしては仏教ソングライターの歌ったあとお応えしたいのは山々ですが、それをやると歌合戦になって紅白のようになりますので、やめておきます（笑）。

では次に、藤田一照さん、お願いします。

辞典を抜け出た仏とは——藤田一照

◆心身のリラックス・インストラクションから

藤田　こんにちは。僕はウィマラさんみたいに歌なんか歌えないので、別な形で時間稼ぎをしたいと思います。

藤田一照
（ふじた　いっしょう）

1954年、愛媛県生まれ。東京大学大学院教育学研究科教育心理学専攻博士課程中途退学。坐禅、鍼灸、各種ボディワークを学び、29歳で出家、曹洞宗紫竹林安泰寺にて得度、僧侶となる。1987年からアメリカ東部マサチューセッツ州にあるヴァレー禅堂に住持し、近隣の大学や瞑想センターなどでも坐禅指導や仏教の講義を行う。1995年には来日したティク・ナット・ハン師の通訳をつとめた。2005年に帰国し、葉山在住。2010年4月よりサンフランシスコ曹洞宗国際センター所長に就任。著書に『現代坐禅講義—只管打坐への道』（佼成出版社）。共著に『新 心のシルクロード』（佐賀新聞社）、『脳科学は宗教を解明するか』（春秋社）。訳書に『禅への鍵』、『法華経の省察』、『未来の宗教 空と光明』（以上春秋社）、『ダルマの実践』、『フィーリング・ブッダ』（以上四季社）、『自己牢獄を超えて』（コスモス・ライブラリー）。

こういうふうに知らない人同士がぎっしり詰まって座っていると、どうしても肩とか首とか凝ってくるんじゃないでしょうか。ここから拝見しますと、無意識に肩や首を動かして緊張を解こうとしている人、けっこういますので。それはなぜかというと、自分と他人と区別して自分の境界を守ろうとしているんですね。それで身体を緊張させてバリアを張っているわけです。それをいきなり全部なくせというわけにはいかないのですが、ほんの少し他人行儀な構えをほどいて、お互いに気脈を通じさせるということをやってみたいと思います。

では、まず両手を合わせて合掌して、このままリラックスできるような格好をさがしてください。自分で楽だなと思えるような合掌をして、鼻からゆーっくり息を吸って、自分の胴体が大きな風船だとイメージしてもらって、あるいは大きな花瓶とか水差しみたいなものでもいいです。とにかく吸った息がその中に下からゆっくりたまっていくようなイメージがもてるものを想像してください。そして息を鼻から吸い込んで、まずお臍の下の部分の空間に空気を満たしていきます。そのあたりに息が満ちてくると自然に腰が立ってくると思うんです。それを感じてください。無理矢理立てるのではなくて、息に立ててもらうという感じですね。

今度は、おへそとみぞおちの間くらいの空間です。要するにこの容器の真ん中くらいに空気が満ちてきます。無理矢理入れようとするんじゃなくて、身体を緩めることで自然に入っていくような感じですね。それから今度は、肺の部分に入っていきます。胴体を下から、大きく三つに分けて、順に下部→中部→上部という感じで息を入れてください。

今度は吐きます。空気を出すんですが、そのとき歯と歯の間から声じゃなくてスーッと空気が洩れるような音を出してください。これがだいたいの要領です。では揃ってもう一回やりましょう。

はい、合掌して、まず息を吐きます。吐きますというのは、今身体の中にたまっている息を吐いてくださいってことです。そんな空気残ってないよと思う方がおられるかもしれませんが、そんなことはありません。残気とでもいうんでしょうか、たくさんではありませんが必ずありますから。はい、では鼻から入れていきます。下から満たしていって、最後は鎖骨のあたりまで空気が入っていきます。それからゆっくり歯の間から息を漏らしていきます。スー……。

はい、それでは右手のひらを上向きにして、左の手のひらを下向きにして、それで隣の人と手を繋いでみてください。あのー、指と指を絡ませたりしないでくださいね（笑）。それはあとでお互い相談してやってください。手のひらと手のひらが溶け合うとまではいかなくても、おずおずじゃなくて、安心して預けてください。

もう一回息を吸います。はい、今度は普通に音を出さないで鼻からスーッと息を出すんですけど、そのとき手のひらからもスーッと息が出るつもりで。スー……。手のひらに注意を向けてそこに感じ合うものがあるかどうかかね。はい、もう一回吸って……、今度はため息をつきます。ハァー……。温泉に入って、お湯がザーッとあふれて、ほんとにくつろいで思わず出てくる「ハァー」っていうため息の感じですね。

最後に両側の人に「どうもありがとうございました」という気持ちで、笑顔で会釈をしてください。

さあ、これでちょっと場がなごんだかな。話の前にこういう場づくりというか、話を落ち着いて聞けるような安心できる条件を整えるという作業、けっこう大事だと思うんですよ。

◆ミステリアスな体験に導かれるように

それでは、本題に入ります。今日のテーマは、「仏とはなにか、余はいかにしてブッディストになりしか」ということなんですが、ウィマラさんの話を聞いていて自分と似てるところがずいぶんあるなと思いましたね。

実はウィマラさんとは、自分の赤ちゃんを抱いた直後ぐらいのタイミングのときに初めて出会っているんだけど（笑）、今、隣の席でね、僕の前に話しているウィマラさんを見ていて、ああ、あの頃から縁が今日までずっと続いてるなぁという気がしていました。やっぱり仏縁というのはあるなあって。

僕も、仏教と言われているインドに発祥した、宗教的なあるいは哲学的な実践の体系に出会う以前に或る経験がありまして、いろんなところで書いたり話したりしているのでご存じの方が多いとは思いますけど、そこから話したいと思います。

　僕の場合は小学校四年生くらいのときに、前後の文脈はすっかり忘れてしまいましたけど、夜自転車に乗っていて、ふと空を見上げたら、いつものように星空があって星が瞬いていたんですが、その日に限ってなぜかそれが、僕も後から後追いして表現しているんですけど、何か非常にミステリアスなものに感じてしまったわけですね。それを言葉にすればいろいろに表現できるような、ある根源的な問題、問いというものなんでしょうけど、当時の私としてはある一つの非常にショッキングな発見というか、洞察みたいな形で突然に起こりました。それ以来いろんな意味でそのときのショックが私をガイドしているように感じています。折りに触れてそれに似たような体験が、別に自分で仕組んだわけではないんですけど繰り返し起こり、その都度、それが響いてある決断をしてきたら、結果的に今のこういうふうになった、という感じなんですね。

◆たまたま、必然的に禅に出会う

　初めて仏教の伝統に出会ったのは、もちろんお葬式とかそういうものには普通の日本人がそうであるような仕方で出会っていましたけど、実存的な意味で私が仏教の伝統に出会ったのは、伊那で漢方思之塾という東洋医学の私塾を主宰していた伊藤真愚先生の指示で鎌倉の円覚寺の居士林《こじりん》での禅の接心《せっしん》に参加したときでした。そのとき初めて坐禅というものを一応きちんと習い、接心ですから朝から晩まで坐禅をしているわけで、いやというほど経験したわけですけど。それは、けっして上手にできたわけではなくて、足や腰は耐え難いほど痛いし、姿勢はうまく作れないし、ことあるごとに雲水さんから怒鳴られるし、眠いし、お腹はすくし、頭のなかはなんでこんなことやってんだろうという疑問や来なければよかったという後悔だらけだし……。とても坐禅と呼べるような代物になっていなかったんですけど、ある面、なんか懐かしいという感じがありました。

暗い闇のなかで痛い痛いと心のなかで悲鳴をあげながらも、シーンとした静寂のなかで形だけでもじーっと坐っているときのテイストというのが、あの一〇歳くらいのときの夜空を見上げていたときの、あの感じと非常に似ているんですね。これ、どっかでこういう感じ、あったなぁって。ああ、そうだそうだ、あのときのだ、と思い出したんです。ですからある意味、初めて見知らぬものに出会ったという感じではなくて、どこか懐かしいものに、昔から知っているものにまた会ったという感じがそこはかとなくありましたね。これってなにか自分に親しいものではないかという感じが、不思議なんですけど、かすかにあったんですね。

雲水さんの修行生活というのをそのとき初めて、生で垣間見たわけですが、実は高校のときに、将来の夢は？　なんていう雑談をすることがあって、そのとき「自分の夢は山奥の湯治場の親父になることだ」と言った覚えがあります。それからバガボンドという言葉を当時知ったんですけど、それは放浪者という意味ですよね。ホームレスっていうか、一所不住というんですかね、大地を寝床とし、大空を屋根とする生き方というのがあって、そういうのになんとなく憧れていたんですよね。遍歴放浪の人生というか、そういうのがなんとはなしに素敵だなという憧れ、そういう生活をしてみたいなというのが心の底の方にずっとありまして、雲水というコンセプトはまさにそういうものだったわけですよね。まさにうってつけというか。

僕は居士林にそういうことを承知で行ったわけではなく、伊藤先生のすすめでまったく思いがけない形で参加したんです。なんの下準備もなしで、なんの期待も持たないで、そう言われたからしかたなく行ってみたら、これって前から心のどこかでずっとさがしていたものじゃないのかって。

そのときまで、一〇歳くらいのときのあの経験に知らず知らず導かれるようにいろんなことをやってきてました。まず、ウィマラさんも言ってたけど、自然科学的なことに興味をもって、宇宙の謎を解き明かしたいというのがありました。それから、高校に入ったくらいで哲学的な関心が出てきて哲学をやろうというような感じで大学に入りました。それから、哲学だとあまり抽象的すぎるから心理学、それもネズミとかを扱うんじゃなくて人間そのものを丸ごと扱うような心理学をしたいっていうことで教育学部の教育心理学科に入り、博士課程の大学院生をやっていました。また心理学の勉強と平行して、合気道という武道とか、野口体操という、身体の動きを通して人間とは何かということを探求する体操なんですけど、そういうことも自分としては割と熱心にやっていました。

そういう流れのなかで人のすすめで禅に出会うわけですが、初めての接心のとき、驚きとともに、なんだ、禅というのは、僕がときどき思い出したように思い返す疑問、問い、それを大事にしているというか、むしろそれを中心に据えて生活をするようにデザインされた伝統なんじゃないか、というふうに見えたんですね。まったく予備的な勉強なんかしないで、まず体験するところから入ったので、あらかじめ禅がどういうものか知らなかったんですけど、その後、禅の本とかいろいろ読んでみるとやっぱりそういうものらしかったんですね。まったく偶然のような形で禅に触れたわけですけど、ある意味での必然性のようなものを自分としては感じたわけです。

結局その一年後に、大学院を辞めてフルタイムでそういう修行生活をしたいという腹が決まったので、これまたいろんな縁に導かれるようにして曹洞宗の修行道場に入ったわけですね。

◆ブッダは、行く手に開けた道を先に歩いている人

今から思い返してみると、当時はとにかく、ある未解決の問題、といってもその問題がどういうものなのかということが自分には明確には分かっていなかったんですけど、何かを探し求

めていた。まぁ手当たり次第、自分の興味を引くことに手を出していたんですが、今から思うと森の中をあっちかなぁ、こっちかなぁと、あてずっぽうにさまよい歩いていたという感じですね。

僕の場合、具体的にはそれは禅でしたが、仏教の伝統、修行の伝統に出会ったときに自分が感じたのは、行く手をふさいでいる、邪魔な木とか雑草とかが生えていない、すーっと歩ける明るい空間に、森の中からたまたますぽっと出た、というのに近いものでした。「ああ、やっと道が見つかった」っていう感じですね。ダンテの神曲のなかにも、地獄編の冒頭ですか、「最初私は道を失い暗闇をひとりさまよっていた」というような表現がありますけど、ああいう状態から道に遭遇した、という感じですね。どこかにつながっている空間に出た、というか。

道というのは、考えてみると、ある方向性を示してくれているわけで、どこかからどこかに向かって開けた空間が伸びているわけですね。僕にとってブッダとか仏教というのは、そういう意味で道というたとえ、メタファーが非常にぴったりくるものでした。この道を最初にきり開いた人がブッダだったということになりますね。

僕にとってお釈迦さんというのは、超人とか特殊能力者ではなくて、私と同じように人生の根本的な問題にぶつかって、それに真っ正面から取り組んで生きていく道を示してくれた人だ、実例を示してくれた人だ、という気がしています。手の届かない高みにいる存在ではなくて、同じ道をずーっと先の方ですけど、歩いている人だと僕は思っています。その人の後を自分も歩いていきたいと、そう思えるような人、ということですね。

で、道に出会った以上、自分もこの道を歩いていきたいという思いが強くなりまして、それまでやってたこと全部、一応ギブアップして、ご破算で願いましてはということでしたよね。人生のリセットということで、名前も正式に変えて、それから服装も変えて、ヘアースタイルもラディカルに変えてしまって（笑）。

親からは芳正という名前をつけられていたんですけど、芳正としてはいったん死んで、一照として生まれ変わるということですね。それを形式的にみんなの前で宣言するかたちで得度《とくど》式というのもやりました。

でも、僕のなかではそれほどの断絶感はなくて、ですから「なんでうちの息子が坊さんにならなきゃいけないんだ！」と理解に苦しむ両親に言ったのは、「やっと前からやりたいと思っていたことが見つかったんだ。今まではあれこれ試しにやってたけど、やっと自分がこれだったんだ！　と思えること、本当にやりたいことが見つかったので、どうか祝福してほしい」ということでした。もっとも当時の両親にはじゅうぶん理解できなかったと思いますけれどもね。何かからの逃げではなくて、素晴らしいものを見つけたのでそれを本気で積極的にやりたいんだと、正直そういうふうに思っていました。

そして、この道の上を歩いていけば、僕がそれまであれこれかじってきたことを、将来必ず生かしていけるだろうという予感のようなものがありました。修行道場では合気道や野口体操、漢方医学の稽古なんておおっぴらにはできませんから、一応そういうのは封印というのか、いわば棚の上に置いておきましたけど、そのなかで培ったこととか学んだことは、この道の上で必ず生かしていけるだろうという感じはありました。それを今やっと時機が熟して、やってみているという感じがしています。

◆仏教がタイムカプセルしてきた「生き方の型」を現代に検証する

さて、仏教とは何か、ということですが、先ほどウィマラさんがもう言ってしまいましたけど、我々というのは本来的に「自分というのはいったい何者か」を知りたいようにできているみたいでね、そんなこと考えなくてもいいのにと思うんだけれども、人間として生きているとどうしても考えざるを得ない。必ずしもそんな明確な問題意識でやっているわけじゃないけれども、いろんな人が、ああだこうだと悩みながらやっている根底には「おのれとは何者なのか」ということを知りたいという根源的な願いみたいなものがあるのではないか。たとえば、異常な犯罪とか病理的な行動の底というか背景にも、やっぱり「おのれを知りたい」という願いのようなものが、不幸にしてそういうネガティブなかたちをとっているけれども、実はあるんじゃないかと。宗教としてはそういう見方をする必要があると思うんです。

だからそういう不幸なかたちをとらなくてもいいように、一つの型というのか、英語で言うとタイムテスティッド（timetested）と言うのですが、長い時間のなかで鍛えられ有効性が実証されてきた、ある型みたいなものがあるんじゃないかという感じがしています。その型を手がかりにはしますが、最終的には型を突き抜けた自由形とでも言いますか、そういうものになるのが本来だと思いますけど。そういう生き方の型っていうものを仏教はずっと保存してきているのではないかなと。それを現代にふさわしい新鮮なボキャブラリーで表現していく、新しい光を当てて実際に生かしていくことができるのではないかな、と僕は今思っています。

そのためには、仏教が仏教内部だけで閉塞的に自足して、自己満足しているんじゃなくて、外部のいろんなものとリンクして、そこでチャレンジされて、鍛えられていかなきゃいけないんじゃないか、今はそういう時代になっているんじゃないかという気がしています。

禅も、禅だけで自足しているのではなくて、日本では今、ウィマラさんのように南方仏教の伝統に立つ素晴らしい先生がいるし、指導者も来ているし、そういう文献も豊富にあります。チベットの伝統の仏教を修行されている方も多数いるし、すぐれた指導者もいます。仏教内部でも、ある一つの宗派、セクトに閉じこもるのではなくて、もっと開かれた形で切磋琢磨するべきだということですね。

仏教が対話すべき相手としては、西洋の科学と哲学がありますよね。僕の場合ですと、坐禅というのはいちばん仏教が結晶化されている実践であると思っているんですが、この坐禅というものがいったいどういうものなのかということを、気功とかヨガとか野口体操とか野口整体とか、またアレクサンダー・テクニークとかフェルデンクライス・メソッドといった西洋起源のいろんなボディーワーク、それらとすり合わせていく、ということをやっています。そうしていろんな角度から照射してみれば、今まで見えていなかったところが見えてくるとか、あるいは実践上十分に配慮が行き届いていなかった側面が立体的に細かく浮き上がってくる、ということがあるのではないかと思うんですね。実際、いろいろ新しい発見があります。

僕はとりわけ坐禅に関してそういう作業をやっているわけですが、仏教全体としてもそういうアプローチ法があってもいいのではないかと思っているんです。これは僕の性格にもよるわけですが、要するに気が多いんですよね。皆さんはよくお分かりかと思いますけど、話の飛び方からしても(笑)、どうしても一直線に行かないんですよ。右に行き、左に行き、運がよければ最終的にまあまあのところに落ち着く場合もたまにはある、という感じなんですね。

それともう一つ、こういう、寄り道しながら歩いていこうというような考え方になったのは、やっぱり、型のないアメリカに長くいたせいだという感じもしています。型から外れたときの真空状態、その頼りなさというのを僕は、日本の流儀が通用しない、意味をなさないようなシチュエーションのなかで、手探りでやってきたので、まったく自由にできるというある意味の怖さと、同時にそれの逆ですけど、型のもっている力というのも実感しました。型から外れてみて初めて型というものが持つ内的な、内在的な値打ちというのが分かった気がしました。だから、型にとらわれてはいけないけど、型の意味というのを、伝統と言ってもいいのですが、もう一回考え直さなくてはいけない。ただ型を押しつければいいのではなくて、型の意味が分かってそれを納得しつつ、それを現代に試していくという筋道が必要なんじゃないかと僕は今、思います。

◆実際に足を乗せてみて分かるもの

最後にもう一つは、外から眺めている一般通念的な仏教と、その中に入って体験する一人称の仏教は、全然違う、ということですね。いろんな方が仏教に関してああだこうだと言っているのは、多くの場合、第三者的なというか、通念の仏教なんですよね。でも、内側に入ってみると、それとはかなり違った仏教が、そこにはあるんです。

たとえば仏とか般若《はんにゃ》とか、悟りでもいいですけど、今いっぱい仏教の本がありますから、皆さん熱心な方ですから本を読まれて、悟りってだいたいこんなもんだろうとか、仏ってこんなもんだろうとか、一応分かったような気になっておられるかもしれないんですけど、内部からみるとそれは全然違う、仏教辞典に書いてあるようなものとは違う仏教というものがあると思うんですよ。

その一つの喩えになるのが、最近僕がよく話題に出す綱渡りです。木と木の間に二〇メートルくらいの長さの弾力性のあるベルトを張ってその上を歩くんです。このあいだNHKの「こころの時代」のなかでやって見せたのですが、あれはこころの時代じゃなくてからだの時代でしたねって言われるんですけど（笑）。まあ、僕はそっちのほうが本望なんですけどね。

今アメリカで住んでいるサンフランシスコ禅センターの正面玄関のところに並木があるので、週末にはあたりをキョロキョロ見回して、おまわりさんがいないかチェックしてから（笑）、パパッと張って、やばくなったらパッと撤収する、というやり方で、禅センターの住人や通りがかりの人も巻き込んで綱渡りをやってもらっているんです。見ているとけっこう理屈っぽい人が多い。で、そういう人は乗る前に、ああだこうだと周りで論評しているんです。靴がどうだこうだとか、体重をどこにかけるだとか、腕を使うといいとかね。聞いてるとその論評は全部、的外れなんですね。そういう人たちを引っ張ってきて、最初は嫌がるんですけど、とにかく足を乗っけてみろ、って言うんですよ。

僕が割と簡単にあまり動かない綱の上にすっと乗っているので、彼らは要するに動かない、たとえば公園の低い柵の上に乗るようなものだと思って、そういう想定のもとであれこれ理屈を考えているんですけど、本当は両端が固定されているだけであとは空中になんの支えもなくぶら下がっているだけなんですから、横に自由に動くんですよ。彼らは足を乗っけて一歩踏み込んだら綱がやたら横に動く。すごく揺れるというのはまったく想定しないで、ああしたら渡れる、こうしないから落ちるんだというような勝手なことを言っていたわけですが、実際には足を置いた途端にまったく思いがけないことが起きる。思っていたのとは全然違う、つまり信じられないくらい横に揺れる。しかも自分が揺らしているつもりはないのに、というので、たいがいは大笑いというか、照れ隠し笑いをしますね。「えーっ、これなに！　なんで？」という感じですよ。

だから僕は、乗れなくてもいいから、とにかくまず足を置いてみてよ、理屈はそれから考えてって。要するに、第三者のままで足を綱に乗っけたことのない人の綱渡りのコンセプトと、一回でも実際に足を乗っけた人の綱渡りのコンセプトは、まるっきり違うんですよ。この例を今の仏教の話に持ってくるのが適当かどうかは……（笑）。

たとえば、仏についても、仏教辞典に載っているような他人行儀な理解では駄目だということ。「仏とは目覚めた人」とかね。学問としてはそれでいいのかもしれないけど、修行者にとってはこの程度ではまったく不十分ということなんです。「それで？」という感じです。特に道元禅師の本などを読んでいると、仏教辞典を引いても全然当たらないっていう感じですね。余計分からなくなるというか。こんなこと言ってるのは道元禅師だけ、と言っていいくらいユニークな意味合いで、仏とか般若とかを使われているんですよ。だから、定評のある仏教辞典を頼りにして『正法眼蔵』を理解しようと思ったら全然的が外れてしまうんですよ。

たとえば「般若」というのは、英語だとウィズダム、知恵というふうに訳されているんですけど、知恵って人間が賢くなるみたいなイメージがありますよね、人間の能力みたいな。でも、道元禅師が言う般若は、第一義的には宇宙の働きのことなんですよ。大自然の営みのこと。

僕は自分が声帯をどうやってコントロールしているのか知りませんけど、日本語っぽい声が出てますよね。声帯をうまく振動させていろんな音を出すと、それが皆さんの耳に届いて、皆さんもそれぞれの頭がその音波をどういうふうに解析しているかまったく知らないけど、僕の言っていることを当たり前のように理解して、それでふんふんとかやってるわけですよ。これは考えてみたらものすごく不思議なことが起きているんじゃないですか。僕の頭のなかでどこからともなく涌いてきた、皆さんには見えない或る考えが音の波となって皆さんの頭に届いて、ふんふん、なるほどって理解されているわけですからね。こういう、我々が普段なんの気なしにやっているもの凄いことのすべてを可能にしている、途方もない働きを「般若」と呼んでいるんです。この般若のベースの上に人間が賢いとか馬鹿だとか言ってるレベルの知恵があるんです。

だから、道元禅師が言う「般若」というのは、もう既にそこにあって働いているんですよ。修行してやっとこさ身につけるような水くさいものではないです。たとえば、そこのスイッチつけたらこの電灯がつくのもその働きだし、皆さんがそうやってメモに字を書いたりしているのも、全部般若の働き。そういうレベルの般若というのを抜きにして、個人が修行によって獲得する何かが般若だと言うんだったら、そういう理解では道元禅師の書いているもの、全然読めなくなるんですよ。

「悟り」ということもそうです。「仏」もそうですね。「仏」という言葉にはもちろん覚者という意味はありますけど、道元禅師が言う「仏」というのは、第一義的には今言った「般若」と同じことを指しているんです。スケールが違いますよね。

そして、そういうレベルの道元流の用語というのがある、というのは、僕がこういう姿格好になって仏教の内部に入らないと分からなかったんですよ。手に入る仏教書を手当たり次第に読んで、ある程度分かったと思っていたから、これはちょっと、「えっ！」て最初は思いましたよ。なんでわざわざそんな読み方をせなあかんのやろなって思いますけど、そういうレベルで書かれているものなんですね。こりゃ思っていたよりすごいぞ、という、目からうろこが落ちるような思いをしましたね。

◆経験を問うのでなく日々の行いを聖化することを目指して

で、これは別に最終的な結論じゃないんですけど、最後に言っておきたいのは、近代人は多分歴史的な理由があるんでしょうけど、自分が経験したことを物みたいにいっぱい自分のポケットにため込もうとするところがあります。言ってみれば経験、体験のコレクターですね。人生を振り返って「ああ、私は豊かな人生を送ったなあ」というときに、それは要するにその人が溜め込んだ経験の量とか種類が多かったということですよね。

経験の種類というのは、たとえば美的な経験、エロティックな経験、それから宗教的経験、それから世俗的な経験、いろいろ経験にカテゴリーがあって、どれもみんなそれなりに量的にたくさん得たということ。あたかも子どもがカードを集めて見せびらかしているみたいに、これは何カード、何カードって箱の中にためていくみたいに、ほらこれも持ってる、あれも持ってる、これ見て、あれ見て、どう？ すごいだろー……。それで自分の人生の成功、失敗みたいなのを考えがちじゃないですか。

こういう路線で宗教を考えると、それは経験志向の宗教になるんですよ。だから禅体験とか、神秘体験というような、あなたは何を経験しましたか、というようなことがそこでは一番問題にされるんですけど、僕はそうじゃない宗教もあると思っていて、仏教は後者じゃないかと思うんです。行為志向の宗教とでも言いますか、アクション・オリエンテッド。何を体験するかではなく、どういう行いをするかの方に重点を置く宗教。もちろん行為のなかに経験も含まれていますけどね。僕としては後者の方が健全というか、いいのではないかと思っていて、こういう観点からもう一回宗教というものを考え直すべきなんじゃないでしょうかね。

たとえばダンスを例にすると、僕らにとってまず第一番に関心があるのは、ダンサーの内的経験じゃないでしょう。ダンスという具体的行為そのものじゃないですか。ダンサーはそのときに何か経験しているかもしれないけど、僕らが興味があるのはダンスという行為そのものですよ。その人が踊っているときに何を経験しているかというのは、僕らには分からないし、それはダンスの一部ではあるけど、ダンス全部ではないですよね。だからどこに注目するかという問題。

もちろん経験が無価値というふうに全部否定するわけではなくて、どこに注目するかということなんです。僕は、仏教は体験志向ではなくて、行為志向の宗教として見なければいけないのではないか、ということを思っています。

それと同じ文脈で、何か日常生活とは違う宗教的な次元とか、宗教的な領域みたいなものを特別に立てるのではなくて、僕は日常生活全部を宗教化するというんでしょうか、あたりまえの日常を聖化するというのか、そうすれば宗教ということさらな言葉もいらなくなるかもしれないんだけど。そんなふうに日常と宗教を二つに分けない。世俗そのものの日常生活から「そんな俗な世界はだめだ」と言って聖なる世界をめざして離脱していくのではなく、逆に日常生活のあらゆる局面をセイクリッド、聖なるものにする方向でこれからの仏教を考えていかなければ、このポストモダンの状況についていけないのではないか、たち遅れてしまうのではないか、と思うんです。

で、それはむしろ本来の仏教に還ることではないのかな。経験志向、近代人の経験の獲得、蓄積にとりつかれたような偏った傾向を乗りこえる一つの方向として出てくるのではないか、という気がしています。

鎌田　どうもありがとうございました。

藤田一照さんとは二〇年くらい前に出会って、「心のシルクロード」という佐賀新聞の連載を共同担当して一緒にやっていたことがあります。井上ウィマラさんとは高野山で五年ほど前に出会いました。そして次にお話し頂く西川隆範さんとは、もう三〇年前、高橋巌というシュタイナーの研究者の元で初めて出会いました。

では、次に西川さん、よろしくお願いします。

神智学からブッダを見る――西川隆範

◆生まれながらの仏教環境

西川　僕も一応声明《しょうみょう》を習ったので、歌えないことはないんですけれど（笑）、釈迦門院という寺のご住職に「おなかがすいたみたいな声だな」と言われたことがあるので、遠慮させて頂きます。

いかにして仏教徒となったか。How I became a Buddhist？ですね。改めて今日思いいたったのは、I am a born Buddhist. 生来のブッディストということです。僕の家は在家ですけれども、ごく自然に身近に仏教がありました。仏教は幼い頃から馴染んできた世界でした。生まれたのは京都の烏丸五条の近くの不明門通《あけずどおり》というところで、東本願寺の斜め向かいなので、幼年期は本願寺の鳩とよく遊んでおりました。

幼稚園も本願寺の系統で、小学校に入るときに伏見区深草極楽寺町に引っ越したんですけど、道元が永平寺に行くまえにおられたところです。今では宝塔寺という日蓮宗のお寺になっているんですけれども、ごく近所でね、よく散歩に行っておりました。中学校は再び真宗の大谷中学校です。中学校では宗教の時間があって、一年生で釈迦、二年生で聖徳太子、三年生で親鸞の勉強をしたんですけれども、もうまったく忘れました（笑）。偉い先生方に教わったはずなんですけれど。

東大谷に曽祖父の墓があるのですが、そこに行くと「般若心経を唱えてはいけません」と書いてある。ただ念仏のみと信じきることができずに『般若心経』も唱えてしまう、その心を阿弥陀仏は哀れんで、ますます往生は確実とはいかないものでしょうか。親鸞は長子善鸞を勘当しますけれど、彼は罰せられたのか、救われるのか。悪人正機からいうとどうなんだろう。『大無量寿経』には、十八願のところに「ただ五逆と正法を誹謗するものを除かん」とありますが。

西川隆範
（にしかわ　りゅうはん）

1953年、京都府生まれ。青山学院大学仏文科卒業。大正大学大学院宗教学修士課程修了。奈良西大寺で得度、高野山宝寿院で伝法灌頂。ゲーテアヌム精神科学自由大学（スイス）、キリスト者共同体神学校（ドイツ）に学ぶ。シュタイナー幼稚園教員養成所（スイス）講師、シュタイナー・カレッジ（アメリカ）客員講師を経て、多摩美術大学非常勤講師。各地でシュタイナー研究会の講師を務める。現在、日本におけるシュタイナーの文献の翻訳書の数は最多である。

著書に『薔薇十字仏教』（国書刊行会）、『絵本極楽』（風濤社）、『生き方としての仏教入門』（河出書房新社）、『ゴルゴタの秘儀—シュタイナーのキリスト論』（アルテ）など。訳書に『インドの叡智とキリスト教』（平河出版社）、『ルカ福音書講義—仏陀とキリスト教』（イザラ書房）、『神仏と人間』（風濤社）、『シュタイナー仏教論集』（アルテ）など。

高校は日吉が丘高校というところで、よく托鉢中の東福寺の雲水に出会いました。授業をさぼって近くの泉湧寺に散歩に行ったりしてました。

特に道元に惹かれたのは中年以降なんですけれど、とにかく彼の書く文章がかっこいい（笑）。『臨済録』に劣らないぐらい、かっこいいんです。僕は空海の血脈をひいているんですけど、空海が師匠の恵果《けいか》阿闍梨について「虚往実帰」、虚しく往《ゆ》いて実ちて帰ると言っています。これが道元だと「空手還郷」、手ぶらで帰ってくるというわけですね。「ゆゑに一毫《いちごう》も仏法無く、任運に且く時を延ぶ。朝々日は東より出て、夜々月は西に沈む。雲収まって山骨あらはれ、雨過ぎて四山低し」。

中年の頃から、道元のそういう文章ですね、「弘通《ぐづう》の心を放下して雲遊萍寄《うんゆうひょうき》」という感じを意識してやってきました。一生懸命に教えをひろめようと思わずに、雲のように漂っていく。そういうふうにありたい、と今でも思っています。道元が単に知的・近代的な宗教家ではないと実感して、いっそう高く評価するようになったのは、永平寺で白山水を見てからです。

◆現世利益から真言律宗へ、そして曼荼羅世界へ

僕が具体的にお寺と関係をもちますのは、祖父母が呉服を扱う商売をしておりまして、そういう商売をしておりますと商売繁盛してほしいものです。お寺や神社に行くときも、自分の魂

の浄化・向上とかではなくて、商売がなんとかうまくいくように（笑）、そういうことを拝んでいたはずです。祖父は信仰というより、むしろ仲間づきあいで、修験者の格好で大峰山によく行っていました。祖母は僕が生まれる前は日蓮宗のお寺に行っていたと聞きましたが、僕が生まれた頃には奈良県の生駒山宝山寺という商売繁盛で有名なお寺に行っておりました。僕も毎月つきあわされました。本尊は不動明王ですが、多分ほとんどの参詣の方はその横にある聖天堂に祀られている歓喜天の御利益が目当てです。

そのほか、母の叔父が京都府の亀岡におりまして、この大叔父の透視力には僕は二度降参したことがあります。ただ、彼は仏教ではありませんので、今日は省略します。

僕がシュタイナーの勉強をしてから、多分こうだろうと思っているのは、宝山寺は歓喜天自体の御利益というよりも、そのお堂の背後にある般若窟という大きな岩石に宿っている自然霊がいて、この存在が現世利益をやっているんじゃないかなということです。この寺には奥の院まで続く道があって、奥の院はまた不動明王です。道の曲がり角に十一面観音がいらっしゃいますけれど、それより、その道の途中の如意輪観音に僕は気持ちが惹かれていました。

宝山寺は真言律宗という小さな宗派の寺です。しかし、古寺めぐりが好きな人だったら、この宗派の、奈良県でしたら元興寺極楽坊とか海龍王寺とか法華寺、京都府では浄瑠璃寺、関東では鎌倉の極楽寺、金沢文庫の称名寺が思い浮かぶでしょう。しぶいお寺がある宗派ですね。総本山は奈良の西大寺です。昔は南都七大寺の一つでしたけれど、今は小さくなりました。

西大寺は称徳女帝の勅願による創建で、道鏡問題がありましたが、真言律宗は叡尊《えいそん》が鎌倉時代に創始し、彼の弟子には忍性がいます。この二人には第三回の「仏教は社会に有用か」のときに出てきてもらいましょう。

僕は小学校のはじめの頃だと思うんですけれども、漠然と死ということについて考えることが何度もあったように思います。死といえば浄土思想ですね。一〇代後半に僕が親しんでいたのは、ひとつは中観派の空の思想、般若の思想です。好きなのは『金剛般若経』とか『維摩経』とか、それからお経ではないけれど慧能の『六祖壇経《ろくそだんきょう》』。中観派は思想として好きでして、気分としては浄土教でした。『歎異鈔《たんにしょう》』も好きでしたけれど、平安末期の美的な浄土教も好きでした。『大無量寿経』よりも『観無量寿経』のほうが好きだったと思います。

二〇歳のときに高野山に行きまして、大塔を拝観したときが僕の転機です。それまでは奈良や京都の仏像を鑑賞していたのが、大塔では曼荼羅世界のなかに自分がいるという実感がとても強かった。これはぜひ体験したい世界だという思いが強く起こりました。

子どもの頃に祖母に付いて行っていた生駒山宝山寺の松本実道貫主は真言律宗管長、西大寺長老を兼ねていらっしゃいました。祖母のおかげで、この方と面識があったものですから、高野山に行って勉強したいという話をしました。そうしたら、大学で勉強するのはだめで、お寺に入りなさいと言われて、高野山専修学院という修行僧が学ぶお寺（宝寿院）を紹介されました。

それまで、高校のときにヨーロッパ文化に関心を持って大学は仏文科に行っていたのですけれど、二三歳で西大寺で出家得度して、高野山に行きました。そこで四度加行《しどけぎょう》をして、宝寿院門主をしておられた蓮華定院の添田隆俊阿闍梨から伝法灌頂《でんぽうかんじょう》を受けました。若い頃、関心は曼荼羅の仏たちに集中していたのですが、何年かまえ、久しぶりに奥の院に行って、そこに立ち上る霊気に感嘆しました。

一緒に修行した仲間のひとりが、お坊さんになる前はプロの棋士だったそうですけれど、「君の話を聞いていると、西洋の神秘思想、神智学などが合っているような感じがする」というアドバイスをくれました。彼は高野山のあと、禅宗の師の下で修行すると言っていましたけれど、その後会っていません。

◆シュタイナーを通してブッダに出会う

そうして高野山をおりて、東京で勉強しようと思っていた頃です。「神秘思想の流れ」というカルチャーセンターの講義があって、最初の方の講義は松山俊太郎さんとか、荒井献さんとか、古代の神秘思想のことを話されました。そのなかに高橋巖先生の講義があったんです。

実は僕はね、高橋先生の講義はパスして旅行に行こうと思っていたんです。ところが、その頃自動車の免許をとろうと思って教習所に通っていたんですけど、仮免に落ちてしまって（笑）、東京にい続けることになったので高橋先生の講義を聞きに行きました。ほかの先生方は学者として話されているのに、高橋先生はオカルト世界にのめり込んだ話で、こういう人がいるんだなあ、と思いました。そんな経緯でシュタイナーに出会いました。

それまで僕の仏というのは大乗仏教の如来や菩薩や明王や天だったのですが、シュタイナーでは、当たり前ですが、ゴータマ・ブッダが中心になるんですね。

シュタイナーはよくキリストのことを中心に話すんですけれども、彼の考えでは、ある神が他宗教で違う名前で尊ばれている。彼のいうキリストは、人間イエスに宿った神キリスト。この神がインドの毘首羯磨《びしゅかつま》という大工の神と同体であると彼は考えました。

「ブッダ」というサンスクリット語がゲルマン語の「ヴォータン」と語源が同じというのはシュタイナー以前から指摘があったのですが、シュタイナーは単に語源が同じということだけでなく、ブッダとヴォータン＝オーディンは同一存在というふうに解釈しました。古代ゲルマン世界の神ヴォータンが、のちにインドにブッダとして生まれるという見解です。

その後、ルカ福音書に仏教が流れ込んでいるとか、アッシジのフランチェスコは霊的な仏陀の弟子であるとかいう言い方で、シュタイナーはキリスト教のなかに仏教が含まれていると論じました。

シュタイナーの弟子で、日本でも知られているヘルマン・ベックは原始仏典の『大般涅槃経《だいはつ》』を取り上げて、もしアーナンダが望んでいればブッダは世界の終わりまで寿命を延ばすことができたという箇所に注目しています。アーナンダがそう願っていたら、ブッダは地球の終わりまで生きながらえて世を救ったという、超人的ブッダの姿に注目しています。

◆死を越えて生を認識する

僕は中年になって、何度か夜中に死ということを思いました。死後、暗闇のなかに一人いる、という感覚です。この感覚に触れると、この世の煩悩は一瞬にして消えてしまいます。死とか死後に比べたら、現世の願望が急に空しくなってしまう。そんなことで、何だかもう欲がないんですよ（笑）。

しかし、それだけでは死という問題を乗り越えられていない。死後を思うよりは「父母未生《ぶもみしょう》以前本来面目」を認識すること。そして不生不死の自分を認識すること。現時点で霊界・天界を認識できれば、それが死後に赴く世界ですから、瞑想で天界を認識するのが一番だと思いました。

先祖や亡くなった知己には、僕は観音経世尊偈を唱えることが多いです。観音力による救いが列挙してあって、一見現世利益的ですが、実は幽界における救いが述べてある。そして、まだ未完成なのですが、隆範版般若新教、そして自己流ですが、「天の光に照らされ、神のいのちに満たされて、すこやかに過ごされますように。御魂に恵みと平安がありますように」と言うと、なんだか「とおかみ、えみため。かんながら、たまちはえませ」と付け加えたくなります。自然界の精霊などには、「色は匂えど散りぬるを、わが世たれそ常ならむ。有為の奥山きょう越えて、浅き夢みじ、酔いもせず。ガテー、ガテー、パーラガテー、パーラサンガテー、ボーディ、スヴァーハー」。

五〇代になったときだと思うんですけれど、多くの未来と過去を一瞬のうちに感じるというか、複数の未来と過去に瞬時に行き来するような感覚があって、前世の自分、来世の自分が今も存在していて、どの時点の自分にも行き来自由と言いましょうか、そういう感じがしました。前世、過去は流れ去ってはいない。まだ、そこの自分が存在している。それから未来もね、すでに自分がそこにいるような感覚。もちろん、錯覚、単なる思い込みかもしれません。

『般若心経』を唱えたあと、無に入ったような感覚になります。この状態にしばらくとどまってみる。無になっているのでもいいし、密教式なら真言や印で三密加持によって仏と一体化する。その禅定から、『理趣経《りしゅきょう》』の百字の偈《げ》で出る。

『理趣経』は真言宗で普段読むお経です。お経の文章を学問的に解釈していくよりも、極喜三《ごっきさん》昧耶印《まやいん》という印を結んで、「オーン・マハースカ、ヴァジュラサットヴァ、ジャハ・フーン・ヴァン・ホーホ、スラータス・トゥヴァン」と唱えれば、大楽金剛不空真実三昧耶という正式の経題の意味を一瞬で把握できる。『理趣経』の最後のほうに出てくる百字の偈というのは、「菩薩は衆生の利益のために、涅槃に赴かない」という内容です。
ということで、僕にとって精神的な旧友は親鸞、親友は道元、どういうふうに生きていくかの先生は空海、ものをどう見るかの先生はシュタイナーです。

鎌田　どうもありがとうございました。

求道探求とブッダの教え——対話

◆仏教における「発心」と「行」について

鎌田　三人の方々にそれぞれ三〇分ほど話をしてもらいました。

さて今、親鸞、道元、空海、シュタイナー、四者一体の働きを垣間見ました。

この連続シンポジウム《現代霊性学講座》は、現在を生きる私たちの指針になるもの、支えになるもの、よすがになるものはいったいどのようなものとしてあり得るのかを探究し論議するものです。その可能性をまず仏教のサイドから問いかけてみたいわけです。

今、お三方の話を聞きながら思ったのは、「道を求める」ということは何なのかということです。「求道」、「発心」、道を求めるという、そういう心を発《お》こすということ自体がある種不思議というか、謎めいています。なんで我々はそういう発心というか、道を求めることを始めるのか。探求を始めるのか。

別の言い方をすると、今ここの自分のなかで、なにかそぐわない、どこか居心地が悪いという、不自由さが自覚され、意識されているのではないかと思うのです。だからこそ、自由を求め、解放を求めるということです。ならば、自分はしばられている、不自由であるという自覚がどこから生じるのか。仏教的に言えば、苦の自覚ですね。思いのままにならない自分自身と人生、本来の自分と違うという感覚、それがどこから起こってくるのか。そういうところから、道を求め、本当の自分を求めるというのか、そういう探求が始まるわけです。

それでは、その探求によって何が得られるのか。何が自分自身を照明したり、人々を幸せにしたりするのか。

最初の話に戻りますが、ウィマラさんが歌のなかで、お釈迦さまは幸せを教え導いてくれる人だと歌ってくれました。端的に探究がそういう幸せの求めであるならば、ではその幸せの実

鎌田東二
（かまた　とうじ）

1951年、徳島県生まれ。國學院大学大学院文学研究科神道学専攻博士課程単位取得満期退学。現在、京都大学こころの未来研究センター教授。NPO法人東京自由大学理事長。文学博士。宗教哲学・民俗学・日本思想史・比較文明学などを幅広く研究。10歳で古事記に出会い、17歳で聖地巡礼に目覚め、以来40年以上にわたり国内外の聖地を参拝して回る。石笛・横笛・法螺貝奏者。フリーランス神主。神道ソングライターとして250曲以上を作詞作曲し、ライブなども行う。東山修験道と称して、比叡山や京都東山を登拝する。日本宗教学会理事、人体科学会理事。
著書に、『神道とは何か』（PHP新書）、『翁童論』四部作（新曜社）、『宗教と霊性』、『神と仏の出逢う国』、『古事記ワンダーランド』（角川選書）、『聖地感覚』（角川学芸出版）、『超訳 古事記』（ミシマ社）、『霊の発見 対談・五木寛之×鎌田東二』（角川文庫）、『モノ学の冒険』『平安京のコスモロジー』（創元社）など。

体、幸せの中身、コンテンツというものは我々にどのようにして体験され共有されているのか。そしてそれはなぜ二五〇〇年の歴史のなかで、なぜ共有されないできているのか。むしろ混迷を深くしている、この原因はいったい何であろうか。そういうもろもろのこと、つまり「煩悩」と言われているものでしょうが、そういうことがもろもろ起こってきます。

さて、ここまでは、お三方に、ライフヒストリーを交えた公式見解を中心に話をしてもらいました。次に参加者からの質問も含めて、こういうことをどう考えるのかということをもう一歩踏み込んで、ざっくばらんにお聞きしていきたいと思います。

先ほども言いましたように、人は探求を始めますが、この探求をするときに、理性という方法でものを考え、哲学を生み出しました。また、サイエンス、科学という方法論があります。しかし、古くから、宗教という探究法も生みだされてきました。そのなかで、特に仏教は坐禅・瞑想を通して、あるいは行、修法を通して深い意識や洞察に至ろうとしてきました。それが仏教の大きな特徴です。それぞれのパネリストが「仏との出会い」にまつわるライフヒストリーのなかで体験された様々な方法論に触れられましたけれど、もう一歩踏み込んで、では仏教が持っている「行」的側面をどう考えるか、より本質的に、探究に対峙する「行とはなんぞや」というところを問いかけてみたいと思います。

会場からの質問のなかで瞑想の問題についての質問が結構あります。

「坐禅の前のヨーガをお寺でやらない理由は何か?」
「坐禅と瞑想の違いは何か?」
「現代人にとって有効な瞑想法は何か?」
こういう質問も踏まえた上で、「行」とはなんぞや、瞑想とは何か、またさまざまな修法・儀礼というものはいったい何であるのか、それぞれ上座部仏教や禅仏教や密教の立場があると思いますが、その違いを含めてお話し頂ければと思います。

では今度は、西川隆範さんから、四、五分を目安にお話し願います。

西川　ゆっくり考えようと思っていたところだったのに……(笑)。

まず、身心脱落とか一刀一断とか、それから、もちろん隻手音声、さっき言った父母未生以前本来面目など、禅の公案は抜群にいいと思います。

密教では、さきほど言いましたように三密加持ですね。言葉と身体と思いを如来に合致させる。印を結んで真言を唱えて観念する。ほかに月輪観、阿字観、五字厳身観、五相成身観とあって、五字厳身観は身体を五輪塔と意識しますから、即身という印象を受けます。

修法のなかでは道場観という部分があって、ここで梵字=種字《しゅじ》が象徴図形=三昧耶形《さんまやぎょう》に変化し、さらに本尊の姿になるという観想をいたします。密教では入我我入とか、仏との合体の体験に行くので、身体感覚を伴います。身体というのは、肉体というより、エーテル体(生命オーラ）やアストラル体（思いのオーラ）でしょうか。

読書も、集中して深く入っていくと、瞑想的になります。読経もいいですよ。一般に行われるように、まず懺悔文《さんげもん》（我昔所造諸悪業、皆由無始貪瞋癡、従身語意之所生、一切我今皆懺悔）と開《かい》経偈《きょうげ》（無上甚深微妙法、百千万劫難遭遇、我今見聞得受持、願解如来真実義）、それから読経して、最後に回向文《えこうもん》（願以此功徳、普及於一切、我等与衆生、皆共成仏道）という形はよくできていると思います。

現代人に有効な瞑想ということでは、僕個人は「天の光のなかに自己を見出す」とか「神の光が私のなかに生きる」というイメージ、宗教的ですが、「神の霊よ、私を照らせ」「神の霊よ、私に満ちよ」という感じでやっています。こんなことをしていいのか分からないのですが、「プレロマえみたまえ、プネウマさきわえたまえ。マカビルシャナかんながらたまちはえませ」という感じ。昔の人が考案した瞑想がその時代・地域にとっては最適であっても、時代が変わったら人々の意識も変化するものだから変わっていくべきでしょう。象徴的なイメージあるいはマントラ、天界の写し絵のようなイメージやマントラを通して神界にいたるという方法ですが、イメージを思い描いているのは初歩の段階です。イメージが消えた段階で、本当の世界が体験できてきます。

西洋人もインド人も、細かい論理構築が得意な人々だと思います。日本人は、印象とか感覚の方が得意ですね。いきなり無になるって、意外と僕らは得意なんじゃないかと思うんです。

さっき『般若心経』のことを言いましたが、唱え終わったときの彼岸にいたったような感覚ですね。どんな人も最初に瞑想した時点で真理に至っている、という見方があります。けれど、真理に至ったことに気づかない。霊的真理が非常に繊細で微妙なので、粗雑な感覚では気づかないというのです。

なぜ「行」をするのか、ということですが、今の自分がまだ完成にいたっていない、もっと完成された自分があり得るという感覚・予感がどこかにあって、これを実現したいという気持ちからではないか、と思います。

鎌田 ありがとうございます。では次に、藤田一照さん。

藤田 さきに経験志向の宗教と行為志向の宗教ということを言いましたが、僕はどちらかというと行為志向で、ある特別な経験を目指してやる「行」はまだ人間的な残滓というものが残っているのではないかと思うんです。これは道元禅師の立場から言うわけなんですけど、人間というのは経験していることがすべてだと思っているわけです。当の経験を可能にしているもの、経験の裏というのか下というのか、ともかく経験からはみ出していてしかも経験を成立させているもの、下支えしているもの、人間はそれを経験できないけれども経験を成り立たせているものが働いていて、それは経験の対象には絶対ならないわけです。経験ができないし、考えることもできない。というのはなぜかというと、当の知覚とか考えるということを成り立たせているものだから、それは知覚とか思考の対象にならないんです。

たとえば、右手はいろいろなものをつかめるけど、その右手だけはつかめない、目はなんでも見ることができるけど当の目を見ることはできない、というような例で考えて頂ければいいと思うんですけど。

僕は道元禅師のテキストを読んでいて、自分のよって立つところが根底から批判されたように感じたのですが、どうも自分には知覚とか思考の対象として何か素晴らしいものをつかみたいという傾向があるんですね。どんな難行苦行であろうと、あるいは高尚な行いであろうと、そういう立場でいる限り、やはり自己中心性から発しているものだという、そういう自己批判なんですね。そういう私がいろんな実践をしたとしても、自分の望むようななしかじかの経験を得たいという形で行われるならば、それは「行」と呼ばない。「行」というのは「私が何々をする」という余地がないもの、そういう言い方でくれないものとしてあるんです。ですから、「行」というものがあるとすれば、そういう自己中心的なものを一つひとつ落としていく、引いていくっていうんですか、手放していくことなんだと言ったらいいと思うんですけど。

僕はよく、英語でドゥーイング（doing）とアンドゥーイング（undoing）と言うんですね。アンドゥーイングというのは、やっていることをやめていくこと。これもやはり人間の営みなんですけど。実は、やっていることが妨害していて見えなくなっているものがあって、こちら側でやっている余計なこと、しなくてもいいこと、してはいけないことを「やめて」いくことで、初めて立ち上がってくるものがあるんです。それについて知覚できたり、考えたりできるのはほんの一部で、その外側っていうか、境界線を描けるわけじゃないんですけど、まったく僕らには手がつけられないところ、意識の地平線のかなたに大事なものがある、という立場なんですね。

そういう無限なものに開かれたかたちでやることが、僕は「行」だと思っているんです。それは普段僕らが娑婆世界で習ったり、身につけてきたものとまったく発想そのものから違ったものでなくてはならない。たとえば、何をするかではなくて、どうやるか、ということが非常に大事なことになってくる。そこを、眼のつけどころを間違わないようにしないといけないんじゃないか。

たとえば食事という行いには僕らが考えたり、知覚できたりする面があるじゃないですか。ああおいしかったなとか、これは何料理のなんとかだとか、材料は何だとか。しかし食事という営みの全体というのはそういうことを超えている。僕らが経験できる範囲を超えたものが食事という行為。大事な僕らの命を生かしてくれているという側面、たとえば外から取り入れた食物から栄養素とかエネルギーを取り入れて命をつないでいくというようなことというのは、ほとんどが僕らの経験を超えたところで既に知らないうちに営まれているわけですよね。これは、たまたま今、腹が減っているので思いついた例なんですけどね（笑）。
「行」というのは、そういう僕らの理解を超えているものに開かれたものとしてあるのではないか、だから「自分には覚知できないものがあるけれども、一心に坐禅する」ということになるわけです。だから人間が頭で考えて、こうすれば効率よくこういう結果が得られる、というふうに頭で考え出されたものではなくて、たとえば天から降臨してきたもの、霊感に打たれて発見したものとして人間には受け取られる、恵まれるもの、賜ったもの、そういうものじゃないかと。

坐禅も、お釈迦さんがああだこうだと考えてやったんじゃなくて、瞑想も苦行も涅槃への道ではないと分かって、手持ちの札をみんな使い果たして、もうお手上げ状態になったときに自然に生まれてきた、そういう形、姿勢だったのではないかと、僕は考えています。

だから思わず知らず、ああいう坐禅の姿勢になっていったんじゃないか。僕らは坐禅の本を読むと、脚はこう組んで、手はこういうふうに組んで、眼は……っていうふうに書いてあって、なにかインストラクション、マニュアルに従うみたいにして坐禅をしているんですけど、僕はそもそも坐禅でもいいし、念仏でもいいけど、そういう「行」というのは知らない間に自発的に生まれてきたようなものじゃないかと、おのれのはからいにあらず、というものじゃないかと思うんです。

気功にしてもヨガにしても、僕らとしては最初からできあがったもの、完成品として与えられているのであたかもそういうものだと思っているけど、僕らがそれを学ぶときにはやっぱり出来合のものを自分に当てはめるんじゃなくて、そういうものが生まれてきた現場を、究極の条件をなんらかの形で作り出さないと、単なる借り物であったり、自分が理解した範囲のものを自分の心とか身体で、意識で、できる範囲でやっていることになってしまうんじゃないか、と思うんです。

だから坐禅を生み出してきたもの、あるいは念仏でもそうですが、そういう「行」が生成されてくる母胎、土壌に当たるものをどうやって今のこの現代のなかに作り出していくかということを考えないといけないんじゃないかと思うんです。それ抜きに、出来合の「行」を自分に当てはめるというのは、「行」のように見えるんだけど、実は大事なものが抜けているような気がします。物真似じゃいけないっていうことです。

僕は道元禅師にしたがって仏教というのは「行」の宗教だと思っているので、仏教者は仏教の「行者」なんですよ。お坊さんとか在家とか関係なく、「行」をする者にとっての教えとして仏教はあると思うので、今言ったような意味で「行」が「行」であり得るような条件は何かということを、もう一回根本のところで考えなおさないと、昔からあるものをそのままやればいいという問題ではない、という気はしています。

「行」というと、たいていの場合、何かをする、という意識で取り掛かるんですね。「行」はよくプラクティスって英語で訳されるんですけど、それは実践という意味ですよね。ですから、何をどの程度やればいいのか、という前提で質問したり、学ぼうとする人が多いんだけど、そういうことではなくて、ただそこにそのまま在る、というところで自然に立ち上がってくるもの、大事なことはそういうところにあるんじゃないかという点を見落とさないようにしなければいけないと思います。そこをどういうふうに伝えたらいいのか、という問題ですね。

おまえが教えることは何でも一生懸命にやるから、何をやったらいいか言ってくれ、悟るためにやるべきことのリストを書いてくれ、おれのための修行メニューを作ってくれ、ちゃんとこなすから、というような人、アメリカ人のなかには結構いたんですよ。一見熱心に見えるんだけど、実は全然見当が違ってるわけです。あなた、あいにくだけど向きが違っているんじゃないか、ダッシュする前にまず落ち着いて腰を下ろして、そこから考えてみないかという、そういうアプローチが大事なんじゃないかなと思っています。

鎌田　少しインターミッションを入れておきたいと思います。西川さんの観点で大事な点は、シュタイナーの思想に基づいて、「行」が時代意識や時代とともに変わっていくという側面を提示されたことです。そういう観点も非常に大事だと思います。

その逆に、「行」が持っている本来変わらない部分、不易流行の不易の部分もあると思います。ではその不易の変わらない部分は何か。お釈迦さんから道元さんまでを貫く、変わらない

「行」の核心とはいったい何なのかという問題ですね。道元の『正法眼蔵』の「正法」という、時間を超えて通底するもの、貫いているものの存在。本来の真面目というか。そういう変化しない部分も見据える必要があるかと思います。

そこで、あえてここで、一つまったく違う観点を入れてみます。それは、神道には「行」はないという観点です。神道というのは、本来、「行」が成立しないところで成り立ってきた宗教文化です。「行」を導入したのは道教や仏教の行者です。道教行者や仏教行者が「行」という意識とスタイルを日本に初めて自覚的に取り入れたと思うんですね。それは、身体を通して心を変容させ、安心や安定や解脱の状態に持って行けるか、という身心の探求だった。それはそれ以前の、一種の神だのみというか、八百万《やおよろず》の神々や自然万物を祭るという習俗のなかにあったものとは全然違う意識と行為のレベルを日本にもたらしたと思います。

そういう神道の持つ「非・行」の側面から見ていくと、仏教がもっている特色、特殊性が見えてきて、そのなかで、そのまったく異なる神道と仏教が日本でどのように混ざり合い、補い合い、またお互い棲み分けながら生きてきたかという問題も、大変面白く思えてきます。

つまりここに、「行」の日本的展開という問題があって、これはなかなか微妙で奥行きがあるテーマだと思うのです。世阿弥の言う「初心忘るべからず」とか「秘すれば花」とかの芸能論が出てきたり、天台本覚思想のように、本来悟っているんやからもうまったく「行」なんかせんでもええということをいろんな方法で示そうとする人も出てくる。その辺のせめぎ合いが面白いと思っています。

さきほど、藤田さんが、ドゥーイング（doing）とアンドゥーイング（undoing）という話をされました。文化といいますか、ものの考え方、あるいは人間の性格もそうですけれど、二つ極があると思うんですね。アグレッシブかパッシブか、引き算か足し算か、積分か微分か、増殖か減縮か。そういう対極にあるものがいろんなかたちで、その時代や宗祖の「行」に関わる方法論として出てくると思います。

その二極論からすると、僕は禅というものは引き算というのか、非常に繊細に微分していくところが徹底してるなと思うんですね。それに対して、密教というのはどんどん一つのところから増殖を重ねていく方法をとっている。

たとえば、神道の建築様式でいえば、日光東照宮のあの装飾的な世界が密教的である一方、伊勢神宮とかの簡素でシンプルな、あるいは本殿建築すらない大神神社のような御神体山だけがあるというスタイルは禅の方法と通じます。また「行」のタイプとしても両極があり、文化や人間のタイプ論としてもそれはあり得ると思います。そういうことを考えながら二人のお話と質問者の問いかけに対して考えていました。

では次に、井上さんに今のお二人のお話を受けて、同時に井上さんと藤田さんには「性欲とは何か?」という質問もきているので、「禁欲」という問題にも答えてほしいと思います。先ほど、男性にも女性にも触れてはならないという、テーラワーダ仏教のことが話されたのでこのような質問も出てきたと思うんですが、そのへんのところを合わせて発言して頂きます。井上さん、お願いします。

◆ブッダの悟りと「行」について

井上 仏教のなかでは、オーソドックスな考え方として、戒・定・慧（シーラ・サマーディ・パンニャー）と言われるものがあります。三学という三つの学びのステップです。シーラというのは、「何をしなさい、これをしてはいけない」という命令集のように考えられますが、シーラのもともとの意味は生活習慣です。自分がどんな生活習慣を持ちながら、「これが自分だ」と思う癖をいかに無意識的に作り上げているかを振り返るのです。その生活習慣のなかに命を大切にする習慣があるか、命をなおざりにする習慣があるか、とか。あるいは人のものを盗る、経済的な搾取、時間の搾取、共依存の問題のような人間関係における搾取、親密さにおける搾取の問題がありますよね。

なんで最初に戒の問題がくるかというと、サマーディという精神集中の修行の段階に入ったときに、後悔の問題が出てくるからです。瞑想修行を始めたとたんに、ああすればよかった、こうしておけばよかったと、さまざまな後悔が雑念として浮かんでくるものです。そうした後悔を少なくする、それを見つめられる自分を作るためにも生活習慣を整えて「行」に入った方がいい、というのがブッダの教えだと思います。

集中力（三昧）が得られると、さまざまな神秘体験が発生してきます。光が見えるとか、人の心が読めるような気がするとか。神秘体験にはその人のトラウマとかコンプレックスが関わってきて、さまざまな幻想やイメージを伴いますので、神秘体験をどのように超えていくかというところで、よき指導者が必要になります。

神秘体験にとらわれて、超能力を使った救済活動に入ってしまうと、一般的な宗教のサイクルにはまってしまって、ブッダが説いた「如実知見」には到達できません。ブッダが説こうとした解脱、すべてがありがたいと思えるような気持ち、感謝して丁寧に生きられるようになるためには、神秘体験を含めてすべてのものごとの無常・苦・無我を見つめる如実知見（ヤター・ブータ・ニャーナ・ダッサナ）が必要になります。神秘体験にこだわることで生まれる自我の苦しみも見極めてゆくわけです。

具体的に何が起こるかというと、瞑想とか「行」を始めるときには無念無想になりたいですよね。そして無念無想になったとしたら、禅定と呼ばれるような宗教体験が出てくるでしょうが、仏教では、その無念無想を悟りの境地として求めてはいません。それは一時的な状態で、無念無想もあるし、無念ではない雑念と呼ばれる状況もあって自然なのです。逆に言うと、瞑想修行が深まれば深まるほど、ある程度静まった心に浮かんでくる雑念から自分自身の根源について学べるような智慧が出てくるということです。それが如実知見だろうと思います。

心が充分に落ち着いて神秘体験もおさまってきたとき、神秘体験を通して自分が何に拘ってきたかが見えてきます。小さい頃、思い出せない幼少期の体験のなかで傷ついたり満たされなかったものが神秘体験を通して癒されて落ち着くこともあるのです。そうしたら今度は、修行のなかで出会う雑念から、より深い自分の真実について、過去世とか来世の問題、死んだらどうなるかというような問題を含めて、自分とは何かという問題に関するアンドゥーイングの仕事が始まるのです。そこが、ブッダが一般的な宗教を超えていたところではないかと思います。

戒・定・慧というふうに三つに分けるお話しをしましたが、もう少し一般的には布施・持戒・修行（ダーナ・シーラ・バーヴァナー）という学びのステップの説き方もあります。この場合の修行にあたるバーヴァナーは、養うという意味を持ちます。英語ではカルティベーションと訳します。このバーヴァナー（修行）のなかに禅定という精神集中のトレーニングと、ものごとのありのままを見つめる洞察のトレーニングがあります。だから「行」の柱は集中力と洞察力の養成の二つということになります。そこで、ありのままということが何かということが問題になる。性欲を考える場合もそうだと思います。

その前に、布施（ダーナ）がなぜ修行の最初に説かれているのかを考えましょう。布施をすると天に生まれるというのは一般的な話ですが、これは脇に置いておきます。「行」の最初に布施するということは、幸福とは何かを考えるときの価値観の転換を図る意味があるのではないかと思います。

私たちは何かを獲得して幸せになると考えますけれど、仏教における幸せというものは手放していくなかでの幸せであり、究極的には「私」という思いこみを手放すことで得られる静かな幸せがあるということです。

手放すこと、分かち合うことによる幸せがあるぞ、という価値観の転換をして、自分の生活習慣を振り返って、心を見つめやすくします。なぜかというと、「行」のなかで出会う自分自身を見つめる作業は、ある意味でとても怖くて嫌な作業ですから。後悔も出てくるし、反対の魅惑的なビジョンも出てくる。それらに向かい合ってゆく心の強さを養うために、持戒のトレーニングで生活習慣を調えます。

そして修行が成熟してゆく過程で、悟ったか、悟らないか、ということが問われるときがきます。その悟りがどのようにして、神道で言うような、「行」がないなかでの「行」につながっていくか、ということにもなります。

仏教でいう最初の悟り（解脱）の段階に入るときに修行で突破する三つのポイントをブッダは説明しています。第一は有身見《うしんけん》の超越。この身体が私のものでありながら、私の所有物ではないということを悟ること。これは死の受容につながっていく体験です。私たちはガンであることを告知されたり、病気になったりしたときに、死ぬかもしれない、いつまでも生きていられないのだと不安になります。「自分は死なない」という無意識的な万能幻想が壊れる体験です。これは自己愛、ナルシシズムにとってとても大きな傷なのですが、この身体が究極的には自分のものではない、いつ死んでもおかしくはないのだということを認めること。これがまず最初の悟りの指標です。

二番目が戒禁取見《かいごんしゅけん》の超越。これは宗教的な儀礼や慣習、修行法に関係するこだわりから解放される、ということです。たとえばガンジス河で沐浴したり、身体に灰を塗って夏の暑い日差しのなかで身体を火に焼くとか、さまざまな宗教的な修行の手法がインドで開発されていて、ブッダもそれを試したんですけれども、そうした苦行では悟りは開けないということが分かった。

なぜかというと、自分の身体を極限まで追い込めば悟りが得られるのではないかという考え方の背景には、追い込めば追い込むほど清らかなものが得られる、という無意識的な期待があります。そこでは、追い込むときの無意識的な攻撃性と、その後に何か聖なるものが得られるのではないかという期待感と、この二つが絡まりあっています。こうした求める衝動と破壊する衝動、二つが入り交じった状態をアンビバレンスと言いますが、フロイトは、人はこうしたアンビバレンスに耐えられないから、清らかになりたいと思っていろいろな戒律を作っているのではないかと指摘しています。それは強迫神経症につながるような、自分のなかでの儀礼化です。修行がその網にかかっているうちはまだ悟れていないのです。

修行のなかで、清らかになりたいという気持ちと、そのために自分を追い込みたいという衝動と、この二つの衝動的な感情を抱っこできるような器ができたときに、はじめて統合と解放が起こります。そして、こうでなくてはいけないという社会宗教的な儀式や慣習から自由になります。自由になるということには二つの側面があって、一つはやらなくても気にならない、もう一つは必要な儀礼を創造することができることです。冠婚葬祭などの儀礼に魂を込めるようなことです。これが悟りの第二条件です。

悟りの第三条件は、疑いを超えること。この疑いとは、来世や過去世はあるか、四聖諦《ししょうたい》は正しいかどうかとか、三宝への信仰への疑義とか、そうした疑いが消えます。なぜ消えるかというと、自分自身でダルマを、ブッダの教えを実体験して既に知っているからです。「私」という思い込みを手放す、という不安を伴う体験を実際に通過してみると、逆説的ですが、自分自身への自己信頼が心のそこから生まれるのです。自分自身で知っているから、ブッダの言葉も含めて外的な権威に頼らなくてすむのです。自分自身の身体を通して感じていることを頼りにして、自分を大切にして、思うようにならない人生を試行錯誤しながら創造的に生きていくことを学ぶのです。

悟りを体験して皆さんが実感するであろうことは、自分の身体は自分のものではないけれども、だけども与えられたものだから自分を大切にする、ということではないかと思います。自分を大切にできる程度にしか人を大切にすることができないということがしみじみ分かるのも、悟りの最初の段階で体験される具体的な変化だと思います。

ブッダは悟りに関して、誰か他の人から証明してもらいなさいとは言いませんでした。そのかわりに、悟りの条件を詳しく説き残してくれました。自分で確かめなさいということです。そして、悟ったという思い込みがあっても大丈夫ですよということを言っています。それをアディマーナと言いますが、まじめな修行者であれば、日常生活を丁寧に見つめるなかで、いろいろな場面における自分の未熟さが見えてくるからです。悟りは人に証明してもらうものではなくて、自ら体験してしみじみと味わって、人生における深い納得として生きるものです。

苦しみに満ちた人生を生ききる、納得する、受け止める、あるいはそこに意味を開いていくということができる、というところに悟りが見えてくるのだと思います。悟ったことにまったく気がつかずに人生を深く豊かに生きて静かに死んでゆく人もいます。もしかしたら、そっちの方が自然でいいのかもしれませんね。

◆禁欲あるいは性欲について

そうした視点から、性欲とは何かということに戻ります。それは生きるために必要なエネルギーですよね。性欲がなければ命は連鎖していきません。でも、無性生殖というのもありますから、有性生殖が始まったがゆえに発生した問題でもあります。異性に対して魅力を感じて、情報の交換をしながら、より環境に適した身体と心を作り上げていくための戦略として性欲があるのですが、「私」という思い込みを介して、性欲が単なるセックスに限定されてしまうときには相手を敬うという気持ちを伴いません。自分の快感のためにいかに相手を利用するかという視点に集中してしまう。

性欲に関する戒律に不邪淫戒があります。不邪淫戒に関するティク・ナット・ハンの英文の解説のなかで目から鱗だと思ったのは、セックスをするのであれば、相手に対して敬意を抱いてしっかりと責任が取れる自分でありなさい、と書いています。

敬意を持って責任をとるというのはどういうことでしょうか。性を営んだ後に子どもが授かったとき、相手のことを思いやる他に、どれだけ子育ての大変さに耐えられる自分であるか、ということを含むのではないかと思います。

子どもはわがままな存在です。パートナーも思い通りにはなりません。その大変さを逃げずに耐えていけば、性欲は自ずと小欲から大欲に成長してゆくでしょう。キリスト教でエロスとフェリアとアガペーといわれるように、性欲から家族愛や同胞愛、それから世界を愛する心、あるいは真理や平和を愛する心、そして無条件の愛であるアガペーに高まっていきます。そこらへんは宗教をこえて同じことが言えるのではないかと思います。同じ人間の営みですから。

人類が人間として歩んできたのは、有性生殖をして子どもを育てる進化の戦略のなかでした。

人間の赤ちゃんは他の哺乳類の動物に比べると超未熟児状態で生まれてきますから、ケアされないと人間になれません。赤ちゃんの世話をするのはとても大変なことで、私たちの記憶していないトラウマが全部引き出されます。だから虐待が絶えなかったり、DV（ドメスティックバイオレンス）が起こったりするんですけれども。そういうことも含めて性欲を考えて、生活のなかでの修行の対象として取り上げていかなければいけないと思います。それをしていけば、自分のなかに得られた内的な平和が、家族の平和へ、社会の平和へ、そして世界の平和へつながっていくのではないでしょうか。

西洋仏教で実践されている、ソーシャリー・エンゲイジド・ブディズム（社会的に参加してゆく仏教）、ベトナム人僧のティク・ナット・ハンが作った言葉ですけれど、私がそこから学んで思ったのは、何かを犠牲にした平和活動であってはならないということです。

これまでの社会活動家とか環境活動家とか人権活動家などでは、家族を犠牲にして社会のために貢献してきた人たちが少なくないようです。社会的に大きな仕事をしても、家族はDVでつらい思いをしていたということがよくあります。宗教家の家庭にもありがちです。「修行だ、修行だ」と言って。自分の弟子はそれを承知で入ってきたからいいのかもしれませんが、家族はたまったものではありません。

そうした問題を含めて、性欲について、あるいは禁欲について、とらえなおしていくべき時代が現代なのだと思います。人間の自我意識の問題に関して、発達心理学や脳科学を含めてだいぶ解明されてきました。子育ての大切さについても、科学的に議論の遡上に上がってきたからこそ、仏教ができることは何かということを改めて問わなければいけないのではないかと思います。

鎌田　はい、ありがとうございました。

神道の側から、性欲というか、性についてコメントしておきます。神道では、性欲がきわめて重要です。というのも、そもそも、イザナギ、イザナミの神様が「みとのまぐわい」、つまり性交をすることで日本の島々を生んでいくわけですから、神々の性欲と性行為からこの日本列島は始まっているということになります。また、各地のお祭りも夫婦や男女の神々が性行為をすることを神輿のぶつかり合いなどで表現しているところが結構あります。

話が横道にそれますが、バシル・ホール・チェンバレンという明治時代の日本学者が、『古事記』を英語に翻訳しようとしたところ、たとえば、イザナギノミコトが妻のイザナミノミコトに向かって、「私の身体には、成り成りて成り余れるところが一カ所ある。あなたの身体には成り成りて成り合わざるところが一カ所ある。この私の成り余れるところをあなたの成り合わざるところに刺し塞いで一つとなり、みとのまぐわいをして国生みをしよう」と呼びかけるところを英語に翻訳できなかったらしいです。ある意味では大変素直に大らかに、でもある意味では非常に露骨に猥褻に表現されているとも見える。それを、禁欲的なピューリタニズムを生んだイギリス生まれのチェンバレンは英語に訳せなかった。そんな『古事記』はポルノグラフィティーだと言って、彼はそのへんのところをぼかして訳した。

けれども、インドの宗教文化においては、仏教以前でも仏教出現以後でも、性表現やタントラ的な宗教文化が非常に重要な宇宙論的な意味やシンボリズムをもっていました。リンガ（男根）とヨニ（女陰）のシンボルもその一つです。それは宇宙を生成せしめる陰陽二元の根源的な対極的エネルギーです。日本でも縄文時代から男根型の石棒と女陰型の石臼とかがたくさん造られてきました。それは素朴といえば素朴ですが、大事なのはそのなかにコスモロジーがあることです。宇宙の運行そのもののなかにそういう性的な運動だとメタフォリカルに読める働きがあるので、雄的と雌的な働きとか、夜的と昼的な働きとか、そういう対極二元の働きが人間のなかにも動物のなかにも自然界にもさまざまな形で現われ出てくる。これに対する、崇めるというのか、そういうもの自体を尊いものとしてまなざしていくまなざし方が性神崇拝文化になっていて、それはいわゆる個人の性欲というレベルを超えた、もっと種としてとか存在としての性的生存的エネルギーに対する畏怖や願望や尊崇に展開していったのではないでしょうか。

そういう性に対する敬意や尊重は、かなり古い根源的な人類の宗教文化のなかにあり、それに対して一定のスタンスをとったのが世界の諸宗教のなかでも世界宗教と呼ばれる仏教やキリスト教です。なぜかというと、苦悩の脱却とかいろんな問題がそこから出てくるので、それに対する一つの方法論として性欲をどうコントロールできるかが大きな問題にされます。

さきほどの井上ウィマラさんの話で言えば、「大楽金剛不空三昧耶真実三摩耶経」、つまり『理趣経』の大きい楽、大欲にどう昇華していくことができるのかということだと思うんですね。でも素朴にそういうことができるのであれば、あるいはできる時代であれば、そこには深い葛藤が生まれなかった。そうとも言えるかと思います。ここで、ウィマラさんの方からレスポンスがあるのでちょっと聞きましょう。

井上　性欲について、悟りの段階の第三段階である不還までは性欲を持ったまま進みます。ところが第三段階に入ると、もう二度と人間世界に戻ることなく悟りが完成するので、不還と呼ばれますが、性欲と怒りがおさまってきますから、夫婦でいてもセックスがなくなります。

経典にこんな話が出てきます。ある男性が不還の悟りに達して、セックスがなくなったら、奥さんが不安になってお釈迦さまのところに相談にきた。「うちの旦那は最近あれがないんです。どうしたんでしょう。浮気でもしているんじゃないでしょうか？」と。お釈迦さまは、「そうじゃありませんよ。彼は悟りが深まったからなくなったんです。だから、一緒に寝ていても、セックスはしないのです」と答えたらしいです。切実な話ですね。

性欲から命を育む力、思いやり、慈悲の力にシフトしていって、ほんとに大きなシフトが起こるときに大切なことは、瞑想的にコミュニケーションすることだと思います。最近セックスセラピーという分野が出てきて、セックスが密教のタントラ（教義）から解放されて、もうちょっと心理学的にアプローチすることができるようになりました。そこで学ばれるのは、セックスでオーガズムを得るかどうかだけでなく、パートナーシップのなかで二人がどれだけ尊敬し合い、学びあい、成長し合えるかということです。家庭や家系のなかにある悪循環、暴力のサイクルをどうやって乗りこえていくのか、これもとても重要なテーマです。セックスが絡むと余計に難しくなります。

そうした問題が解消されてくると何が起こるかというと、セックスのような触れ方ではなくて、ただ触れている触れ方に耐えられるようになってきます。最近、看護学校で集中講義をして驚いたことがありました。二人一組になって、一人が横になって、もう一人が座って相手のお腹に手を当てる。あるいは背中に手を当てる。そのときに、どこに触って欲しいかとか、どれくらいの強さで触れてもらいたいかとか、ちゃんと言葉でコミュニケーションしてください、と言った途端に、学生たちは小学生が修学旅行の晩に枕投げ合戦をしたときのように騒然としてしまったのです。「君たちはほんとにこれから看護をやっていくのか」って、怒ってしまいました。

それくらい触れることに慣れていないようです。触れることでセクシャリティが喚起されて、どうしていいか分からないので、じゃれっこになってしまうのだと思います。そうした反応パターンに入ってしまうことなく、ただ触れていて、そこで体温とか脈拍とか気の流れというようなものを感じていられる状態になってはじめて、きちんとした看護ができるんじゃないですか、という話をしようと思ったのですが、今の看護学生はそこまで行くのが結構大変なようです。

それは、親子関係のなかで本当の意味での親密さを体験できずに育ってきてしまっているからなのではないかと思います。セックスの問題はそのへんの問題もあぶりだします。本当の触れあいを楽しめるようになって、どうやって愛し合いたいですか、授かった子どもをどういうふうに育てていきたいですか、と話し合える関係性を築いてほしいと思います。そうしたことがざっくばらんに話せるような社会になっていくために、仏教が何を提供できるかなという視点もあると思います。

鎌田　仏教のその領域に関する智慧というのはどういうふうにあるのか。何か応答やコメントがありましたら、お願いします。はい、西川さん。

西川　僕はね、性欲のある方は、あとで後悔するかもしれませんが、それに身をゆだねればいいと思います。なければ、それでいい（笑）。僕は無性への憧憬が大きいです。

密教にはタントリズム（性的表現）がありますから、このテーマは積極的に追求されているはずですが、密教の高僧は不犯でしょう。禅の公案、婆子焼庵（十六歳の女子に抱きつかれて「こんなとき、どうなの？」と訊かれた僧が「古木寒巌に倚る、三冬暖気なし」と答えたために庵を焼かれた）

はどう通過すればいいんでしょう。

性欲以外にもいろんな欲があって、断食などは、ある意味で「行」の有効な補助手段ですね。ヨーガスートラに、禁欲すると力が得られる、とあります。何かの欲を断念して、精神的なものを得る。精神が身体に勝てば長調的な感じで、身体に負ければ短調になる。ただ、身体を苦行で弱めて魂を遊離させるという方法ではなく、魂を強める、高めるというのがこれからの方法だと思います。

◆ブッダと霊界

鎌田 もう一つの質問にいきます。

西川さんに対する質問は、霊界とブッダの関係です。つまり、目に見えない世界、霊的世界をどうとらえるのかという質問が来ております。

前世、過去世、来世、あの世、いろいろな言葉で語られます。また先ほども言われましたが、ブッダはあの世のこと、霊魂の存在や死後の生存の有無という問題には無記の態度を貫いた。そういう、よく知られているブッダの立場も含めて、魂の世界、霊の世界、またブッダと霊界という問題についてはどう考えるか。そのあたりの見解をお聞きしたいと思います。

西川　これは、仏という存在が実在なのか、空なのかという問いがあると思います。仏も無我的、つまり不変の実体を持たない存在で、空なのか。仏の本体は意識体のようなものと思うんですけれども。霊界は涅槃より近い世界、本体がイメージ形姿をとって現象している世界ですね。そこでは、僕たちのいろんな思いの反映も出現しますけれど、仏が姿をとって出てくることが多々ある。

お坊さんたちが信者さんの悩みに応じて祈願をしてあげる場合、信者さんはお寺の御本尊の力を実在と思って拝みにこられると思います。なかには、仏像に宿った精霊存在が力を発揮している寺もあるでしょう。悩みのなかには、霊魂的な問題もありますよね。日本の仏教はそういう問題にもずいぶん対処してきました。霊魂をどう捉え、どう対処するか。これは原始仏教と比べたらずいぶん変化をとげたものではありますが、宗教が対応する大きな領域だと思うんです。本来の仏教とは違うとしても、心霊界の問題に、むしろ積極的に関わることには意味があると思います。葬式も、そうですね。霊魂をちゃんと往生させてあげられるお坊さんが必要。霊魂否定の仏教者もたくさんおられますが、遠野物語や松谷みよ子さん収集の現代民話などを読むと、素朴かもしれませんが、霊魂はないと断言するのはどうかと思います。

それからブッダという存在のことなんですが、さきほど人間の意識が進化してきたという話をしました。同様に仏の教えの表現、もしくは人がどう仏をとらえるのか、その在り方も変化をとげていくのではないでしょうか。大乗仏教になって、『法華経』如来寿量品第十六（自我得仏来、所経諸劫数、無量百千万、億載阿僧祇）の仏や、『華厳経』の大宇宙的な仏（毘盧遮那仏）のような存在が現われてくる。釈迦が無記とした問題に入っていくと、そこから抜け出られなくて、「行」に集中できないことはあると思います。でも、現代人は紀元前数百年前とは違って、いろんな知識とか思考力を発展させてきているので、現代人の疑問に応じるような答えを現時点の仏教は出す必要があるんじゃないかと思うんです。

仏教には、原始仏典にもアビダルマにも壮大で緻密な宇宙観があるんだから、その教えを現代的な表現や感覚をもって語れば、かなり人々に説得力があると思います。当時、仏陀が無記としたことを永遠に無記のままにするよりも、現時点で認識できた範囲で伝えれば、人々に安心を与えることができるのではないかと思うんですよ。

鎌田　ありがとうございました。藤田さん、いかがですか。

藤田　この間、東洋大学で日本宗教学会というのがありまして、そこで特別シンポジウムというのがあって、頼まれて参加しました。タイトルは「脳科学と宗教経験」という題のシンポジウムで、いろんな脳の本が出ていますけど、脳科学によっていわゆる宗教体験と言われているものがすべて説明できるのかどうかですね。そのことによって、脳の働きに宗教がすべて還元されるのだろうか、というような大きなテーマでいろんな話をしたんです。

そのときに僕は、経験重視か行為重視かという話をして、この宗教経験というものを重視するものとして、たとえば禅経験という単語があるので禅は経験を重視するんじゃないかと思われているかもしれないけど、実は違うんじゃないかという問題提起をしました。かつては真理というものが厳然として人間とは別にあって、それを宗教的な行法によって、特別の感覚を磨いたり、人によっては生まれつき特別な僕らにはないような感覚があって、その宗教的な超越的な真理を見たり聞いたりそれから発見する感覚能力があるというように思われていたんですけど、そういう考え方はもう破産しているんじゃないかということですね。そういうタイプの宗教、それはヤスパース（ドイツの精神科医・哲学者）が第一枢軸期と言った、ブッダや老子やギリシャのソクラテス以前の思想家たちが輩出した時期にできた一つの共通性を持った宗教なんですけど、二千年以上を経た今ではもう破産している。これからの宗教はそういう在り方から脱皮しなきゃいけない。

だけどやっぱり宗教経験重視の宗教がまだあって、いろんな超常的なものを見たとか聞いたとか、あるいは天使を見たとか悪魔に会ったというような報告がなされていて、それを宗教経験と呼んでいるわけですけど。これは実際に在《あ》る、客観的に在るものをそういう特別な体験で感覚したと実在論的に考えるのはもう違うのではないか。むしろその人がほとんど無意識で、その人の心の内部で無意識に行われている宗教的な思考プロセスが外に投射されたものであって、そういう意味では、心理学的に解釈する、何かその人について非常に大事な、その人がどういうシチュエーションに置かれているかとか、その人の人生がこういう停滞の仕方をしていて、こちらの方向にいきたがっているというような、何かその人についてのメッセージを伝える、非常に重要な何か、情報を持っているものとして解釈するのならばいいのかもしれないけど、客観的に在る何かをその人が特殊な体験によって知覚したというように実在論的に考えるのは違うんじゃないか、という話をしたんですね。

で、そのときに、例として出したのも、お釈迦さんが菩提樹のもとで何かをお悟りになったのも、これが彼の宗教体験で終わっていたら仏教になっていなかっただろうと。体験を超えて、何かの体験が確かにあったかもしれないけど、そこにとどまらないで、それを現実とすり合わせてテストしたと言いましょうか、吟味して練り上げていって智慧にまで高めたところに仏教が生まれたのであって、体験そのものが仏教ではなかったと思うんですね。

僕はもし仏教が何か或る体験を人に与えてくれる、そういう伝統だと考えているとしたらポイントがずれているんじゃないかという気がしていて、そういうのとは別な見方で仏教教義の再整理、再編成ができないかという気がしているんですね。

鎌田　禅の立場からというか、藤田さんのとらえた行為論的な仏観も、仏道という実践からすると当然出てくる答え方と提示だと思いますが、井上さん、いかがですか。

井上　霊界の問題ですが、サンユッタ・ニカーヤ（『阿含経』相応部）にブッダと神々との対話があります。霊界とおっしゃるとき、このブッダと神々との対話を含めて考えてよいかと思います。ブッダは神々や霊界とずいぶん交流していました。ブッダの日課によると、夜一〇時くらいまでは人間のために説法して、一〇時過ぎから深夜までが神々との時間になります。神が降りてくるときには、今のように電気がないので、まわりが自然にホワーンと明るくなったようです。神々は降りてくると、右回りに三回まわって礼拝して、片ひざを立てて坐って語りかけ、質問します。

無記の問題もありますけれども、来世とか死後の問題についてまったく語らなかったわけではなく、『大般涅槃経』など、随所で語られています。有るとか無いとか、二元論的、概念的なこだわりに執着して会話が進まない状況では、ブッダはそういう問いには答えず、沈黙していました。でも、ちゃんとした宗教体験があって、本人の成長のために役に立つ流れのなかでは、来世の話、過去世の話など沢山しましたし、神々との対話もあったわけです。

瞑想修行のなかにデーヴァターヌサティ（天随念）という手法があって、神々について想起し、その神々の徳を想起し、その徳に等しい自分の人徳を想起して心を喜ばすというものです。なければ努力するわけです。おそらくブッダの時代から土俗の神々を信仰していた人の入団が多く、こうした瞑想法が生まれたと思うんですね。念仏の原型です。ただし、本当に悟りが安定するまでは天随念をやらないほうがよいと注釈されています。悟ってないと、神様とブッダとが混同してしまうので、それは注意なさいということです。

バイブレーショナル・メディシン、波動医療というものがありますね。そのなかで、メディカル・インテュイティヴと言って、直感で患者さんの疾患を見抜いたり、遠隔で治療したりする人がいます。直感でそうした医療的行為のできる人が、医師としっかりと提携して、患者のためにどのようなことができるかを考える取り組みが、今アメリカなどで進んでいます。霊界の研究は、それにも関係することだと思うのです。

たとえば光の問題にしても、細胞自体がバイオフォトンという微細な光を高速で放っていることが分かってきました。瞑想で意識を内に向ければ、細胞の光が見えてくるから、光体験をするのは当然なのです。理論物理学のなかでノン・ローカリティ（非局在性）ということが言われています。対生成した素粒子の一つが同定されると、離れた所にある対粒子が姿を現すというものです。私たちの世界と別の世界、多重世界があるとすると、一瞬のうちに情報が伝達されるように見えるわけです。そういう理論を使って量子コンピューターとか、瞬間転送が極めて短い時間ですが可能なところまで技術開発がすすんでいるのだそうです。ホログラム理論や光の凍結という考え方など、新しい発見が相次いでいますので、霊界の問題もあと五〇年から一〇〇年経てば、充分に科学的に対応できるようになるのではないかと思います。

薬のプラシーボ効果があります。治験すると、三〇％くらいはプラシーボ効果なのだそうです。なにがプラシーボ効果を引き起こすのかに関して、もう少し科学的に解明が進むと、今まで霊界とか無意識的な体験の世界と言っていたものが、理解しやすくなるかもしれません。その上で改めて悟りとはなにか、日常の生活にどういうふうに活かしてゆくのがよいかを考えることが、ブッダの理解を深めてゆくことになるのだと思います。

鎌田　この問いに関しては、基本的に昔から立場が二つあると思っています。一つは西川さんと井上さんの見解に集約されてくるように、その時代の知においてとらえられるかぎりのものをきちんと議論して定義して、問題をはっきりさせましょう、解決していきましょう、という立場と方法論。それは科学をやっている人にも、他の探求をしている人にも分かりやすい側面を持っていると思います。

もう一つは、藤田さんのような、こだわるなという立場と方法論です。そういうところで問いが発せられているかぎり、どうしてもそこには「戯論《けろん》」が生じて、悪循環してしまう。そんな循環議論のなかに入るよりも、あなたが一歩踏み出すことのほうが実存的に大事じゃないかという立場です。この立場も根本的に仏教が持っている一つの重要な立場であり提示であり、生き方、在りようだと思います。

それは仏教史のなかで言えば密教的な在り方、浄土教的な在り方と、一方で禅的な在り方に分化してきたと思うんですけれど、仏教はこの二つの要素を持ちながら、それぞれの時代のなかで生き抜いてきたと思います。

◆現代に即した新しい仏教とは

鎌田　さて、最後のまとめに入ります。質問は二つに集約できます。一つは、これから新しい仏教の流れ、仏教改革、新しい宗派が始まるか、という質問。二つめは、直接的には藤田さんにきているんですが、在家の者が仏教の内側にアプローチするのは限界があるんじゃないか、という問いです。

現代の新しい仏教実践にそれぞれの立場でお答え頂くことで結びとしたいと思います。

井上　新しい仏教はどういう宗教的な形をとるか。私が心がけていることは、いろいろな領域に「瞑想ウィルスをばらまく」ことです。それだけでいいと思っています。できるだけ教団とか組織的なものに囚われないためには、関心をもってくれた人がその人なりの幸せを実現できるように使ってもらえるツールとして、瞑想法をばらまきます。

二つめの出家・在家の問題ですけれども、出家の原語はパッバジタで、踏み出すという意味です。家の中にいる状態から家のない状態に一歩を踏み出すのが出家。英語ではゴーン・フォースと訳します。ですから、家の中にいる状態とは何か、家なき状態とは何かということを、私たちの時代の言葉で考え抜くことが大切です。なぜ出家しなきゃ修行できないんでしょうか。現代のパッバジタは、自分を限定し束縛する枠を超えて、自己という認識の癖を出ること、という視点から見直されるべきでしょう。それは、社会や文化によって構成されるものでもあります。そこへたどり着くと、出家か在家かという問題は、また別の次元から納得がいく時代が来ているのではないかと思います。

出家で理解が早まり深まる事柄と、在家でなければ分からないことがあるので、今アメリカで広まっている西洋的仏教実践のなかでは、何年か区切ってきっちりと禁欲的修行生活をして、そのあとは在家に戻るかどうかを選択するというアプローチがなされています。

ただし、そのときに使う戒律に関しては二五〇〇年前のものをそのまま使うと不合理が出てきますので、新しい形の戒律を考える必要もあるでしょう。出家とか戒律に拘らずに、セックスを離れて純粋に瞑想だけに何年間か集中する生活は確かに有効です。でも、それだけですべてが解決しないケースも少なくありません。家を持ち、社会のなかに生きる子どもを育て、人を看取り、悲しむことを学ぶ、そして悲しむことが思いやりにつながることを実感できる。そうした循環を作れるかどうかということに関しては、出家・在家には関係なく実践できる時代に来ているのではないかと思います。

鎌田　ありがとうございます。次に、藤田さん、お願いします。

藤田　出家と在家というお話ですが、僕は新しい仏教というビジョンと関係してくると思います。今、仏教の専門家といいますと、仏教学者と、修行道場で修行している僧侶に分かれているわけですけど、これは不幸な分かれ方をしていて、仏教学者は頭だけ、修行者は身体だけというか、極端に言うとですよ（笑）。これは仏教の本来の在り方ではないし、仏教がいわゆる専門家の手に独占されているというのは大乗仏教としてはいけない状態で、いかに生活者の手に取り戻すか、民主化するか、大衆化するか、という問題だと思います、でもそれは、水増しするとか、薄めるという意味じゃないですよ。真の大乗になる、大乗化を徹底するというふうに言ってもいいと思いますけど。そういう形で新しい仏教が考えられなければいけないと思います。

道元禅師も坐禅の仕方を書いたものに「普勧」、つまり「あまねくすすめる」という言葉をつけているように、「行」というのは、在家とか出家とか関係なく、誰でもやったらやっただけのことがあるというのが「行」なわけです。むしろ大事なことは、自分は本当に心底仏教を必要としているのか、と自分を改めて見つめてみるという必要があるということです。単なる教養程度でいいのならこれまでの仏教でもいいわけで、これからの仏教というのは本当に仏教を指針として、あるいは支えとして必要とする人が作っていくべきものだと思うんですね。

ですからそのプロセスでこれまでの仏教は永遠の真理ではなく、特定の時代の歴史的産物であったという厳しい見方も含めて、もう一回、自分の持っているいろいろな問題を仏教に問いかけてみて、とるべきものはとり、捨てるべきものは捨てて、生活者の手で作られた仏教というのが生まれてこないといけないんじゃないかなという気がしています。それは誰かが他人任せにして棚ぼた式に「はいどうぞ」ではなくて、こういうところに来られている方が、古いものから学んで作っていかなければいけないものじゃないかなと思ってます。

鎌田　ありがとうございました。最後に、西川さん、お願いします。

西川　奈良仏教は、アビダルマの倶舎と成実、大乗の三論・法相という、世界仏教のスタンダードを含んでいます。平安と鎌倉では、意識がずいぶん違いますね。明治に近代的な意識が出てきますけれど、ここでは「仏教研究」が画期的に発展します。学問的研究だけではなくて、もっと生命的・心魂的に作用する動きが出てくるべきと僕は思っています。この場合、既にある何かに基づいて新しい解釈、新しい表現としてやっていくこともできるし、もしくは大乗仏教興隆の頃のような霊感があれば新しい経典の出現もあり得るはずです。仏たちが当時は語らなかったことを今語るなら、あるいは僕らが今聞けるようになっているなら、それを受け取って現時点のブッダの教えとして伝えること、空想や思い込みが生じる危険はきわめて大きいですが、そのような試みはあっていいと思っています。

仏教では無我、我は存在しないということをずいぶん強調してきました。現代人のことを考えると、自分がないと言われるよりも、自己・魂を追求していって、ふだんの自分を乗りこえて新しい世界がひらけるようなスタイルの方が合うのではないでしょうか。今後、宗派は消えていき、個人個人の仏教になっていくと思います。

鎌田　どうもありがとうございました。最後に一言申し上げて本日の結びとしたいと思います。

東京自由大学は一九九七年に、ある「発心」をもって生まれてきましたが、それは現代の在家たちの「求道」の一つの形であったと思っています。その発心と求道がさまざまな講座やゼミになり、今日のようなシンポジウムになってきました。そして今日の《現代霊性学講座》のなかで真剣に問いかけ、語り、伝えようとしたことをしっかりと受け止めながら次回に臨んでいきたいと思います。僕は、本当の大乗仏教、本当の大乗仏教の経典はこれから生まれてくるんじゃないか、という可能性も感じています。

最後に、私はホラ吹きトージなので、最後も法螺を吹いて皆さまのこれからのご健闘とご活躍を讃えることで本日の結びとしたいと思います。

（法螺貝の音）

〔章括〕

仏教は「仏になる」道

西川隆範

天地創造の神を説く宗教なら、人間はその神を崇拝するのであって、「神になろう」とは思わない。

仏教は「仏になる」道である。

「仏とは誰か」は、まず「ゴータマ・ブッダとは誰か」である。ブッダを想うとき、二千数百年前のインドの大地を歩んだ、敬愛すべき人物のイメージが浮かんでくる。

一方、大乗仏教で「仏とは誰か」と問うと、天空の如来・菩薩・明王・天が現われてくる。阿弥陀、観音、弥勒、文殊、地蔵、不動、帝釈天、毘沙門天、弁天……、それぞれ性格の異なった仏である。これらの仏は一般には信仰の対象である。ただ、いずれかの仏を念持仏として修行する者は、その仏の化身のようになることがある。

キリスト教では、九位階の天使群の上に三位一体の神が存在する。天使群から派生したのが地水火風の精霊であり、天使群から逸脱したのが攻撃的なサタナス（サタン）と誘惑的なデイアボロス（ルシファー）だ。中国思想では、九天を説く。仏教では六欲天、色界の十七天／十八天、無色界の四天の領域を越えたところに涅槃の世界がある。密教儀礼では「三界九居の天王天主」と唱える。

†

この連続シンポジウム第一回では、まずパネリスト各自の歩みが語られた。

井上ウィマラ先生は小学校入学前に朝日のなかでキラキラと舞う塵を見て、その塵のなかに夜空があるという感覚を持った、と話されている。そして、高校二年のときに現成公案に出合い、二〇代後半でヴィパッサナー瞑想に巡り逢われた。

藤田一照先生は小学四年のときに星空を見ていてミステリアスな感じがした、と語っておられる。円覚寺で坐禅をなさる機会があり、禅というのは自分がときどき思い返す問いを中心に据えた生活であり、邪魔な木がない、すーっと歩ける明るい空間に出たと感じられた。出家するとき、ウィマラ先生は「生まれてきたことの意味が分かった」、一照先生は「前からやりたいと思っていたことが見つかった」という思いをなさっている。

西川は子どもの頃も中年の頃も、死と死後を思っている。文学的には厭世的な出家が好きなのだが、生命的な密教世界に入っていくことになった。――この連続シンポジウムのあと某病院の東病棟311号室に入院し、原発性心アミロイドーシスとの診断を受けた。医師から余命についての説明があったが、無常や空の思想に親しんでいたせいか、キューブラー・ロスが言うような拒否・怒り・嘆きはなく、すみやかに受容した。

後半では、最初に「行」についての質問があった。

悟りを目指す原始仏教や禅に対して、宇宙との合一を目指す密教には霊験追求という分枝が生じた。ウィマラ先生は「超能力を使った救済活動に入ってしまうと、一般的な宗教のサイクルに」はまってしまい、「神秘体験もおさまってきたとき」「自分とはなにかという問題に関するアンドゥーイングの仕事が始まる」と教示下さっている。一照先生は「経験志向の宗教」ではなく「行為志向の宗教」の意義を説かれている。

玉城康四郎氏は、「五〇歳の時である。禅宗に別れを告げ、ブッダの禅定を学び始めた」と書いておられる。「六〇に近くなって、ダンマ・如来（形なきいのちそのもの）が自己自身に顕わになるというブッダの解脱に触れ」、八〇歳近くになって「形なきいのちがまるで堰を切ったように、全人格体に怒濤のごとく溢れ出した」という。氏はブッダの定を、入出息念定（呼吸を整える）と念仏（如来の名を思うことによって如来のいのちが私たちに浸透する）の二つに集約なさっている。

戒→定→慧→解脱と進むのだから、まず戒から確認しておこう。正式の四分律は二百五十戒だが、せめて沙弥が守るべき十重禁、在家信者が守るべき五戒ぐらいは実行していないと、禅定に入っていける心魂状態を整えられないだろう（シュタイナーの見解では、殺生・偸盗・妄語・邪淫は自己の安定を乱す。飲酒は人間と神々との関係を断ち切る）。

鎌田東二博士から、「神道には行はない」というご指摘があった。明澄な心があり、清明な自然があれば、それ以上に求めるべきものがあろうか。じつにすっきりした生活である。

「修とは、欠けたところを補う意である。本来完全なものが、なんらかの理由で破損している。そこを修復して、本来の完全にもどす作業が修行である。本当は余計なことである」「道を求める心を起こすのは、自ら欠陥者の看板を出しているようなものだ」と、柳田聖山氏は書いておられる。原罪を説く宗教なら、万人が罪人である。修道生活に入る人々もいるが、一般には救世主への信仰による贖罪を求める。

つぎの質問は、性についてである。

在家なら「不邪淫」、出家なら「不淫」だ。

某紙の夕刊を見ていたら、「お坊さんも婚活」という記事が載っていた。会場は高層ホテルで、アルコールと食事つきとのこと。筋から言えば、還俗してから婚活すべきだし、仏教を棄教してからアルコールを口にすべきである。あるいは、結婚して子どもをもうけてから出家すればいい。また、天台宗某教区報を見ていたら、「祝ご結婚おめでとうございます」という写真が載っていて、某寺の住職の結婚式の様子が写っていた。なんとも異様な光景である。淫を欲するなら、比丘ではなく優婆塞として生きればいいのだし、飲酒したいなら、檀家としてではなく氏子として仏典を心の糧にしていればよい。

清僧が思わぬ道に迷い込んで破滅する姿に、私たちは共感を覚える。零落するから美しいのであって、欲を満たしながら僧衣をまとっていては、ただ醜悪なだけだ。

日本仏教は「廃仏毀釈」でダメージを受けたのではなく、僧侶たちが「肉食妻帯勝手たるべし」と見放されたことによって霊威を失ったように思う。こうして僧侶を見限ることによって、個々人が法を探究し、仏を体験しようとすることが主流になった。

世界各地の仏教徒がまじめに修行しているのに、善人で人間味のある日本の坊さまの大半は生臭いと言うと、正統仏教原理主義・世界仏教基準化のように聞こえるだろうか。だが、精神世界が新たな黎明を迎えているのに、日本の仏教界だけが末法に沈没しているのはどうしたことだろう（私は、これから日本にも再び真摯な仏教者が幾人も出てくるだろう、と予見している）。日本仏教界が救われるかどうかは、どうでもよい。貴方が救われ、世界が救われることが何よりである。

†

「如何なるか是れ仏」。麻三斤。そういうことだろう。

II

仏法は真理か

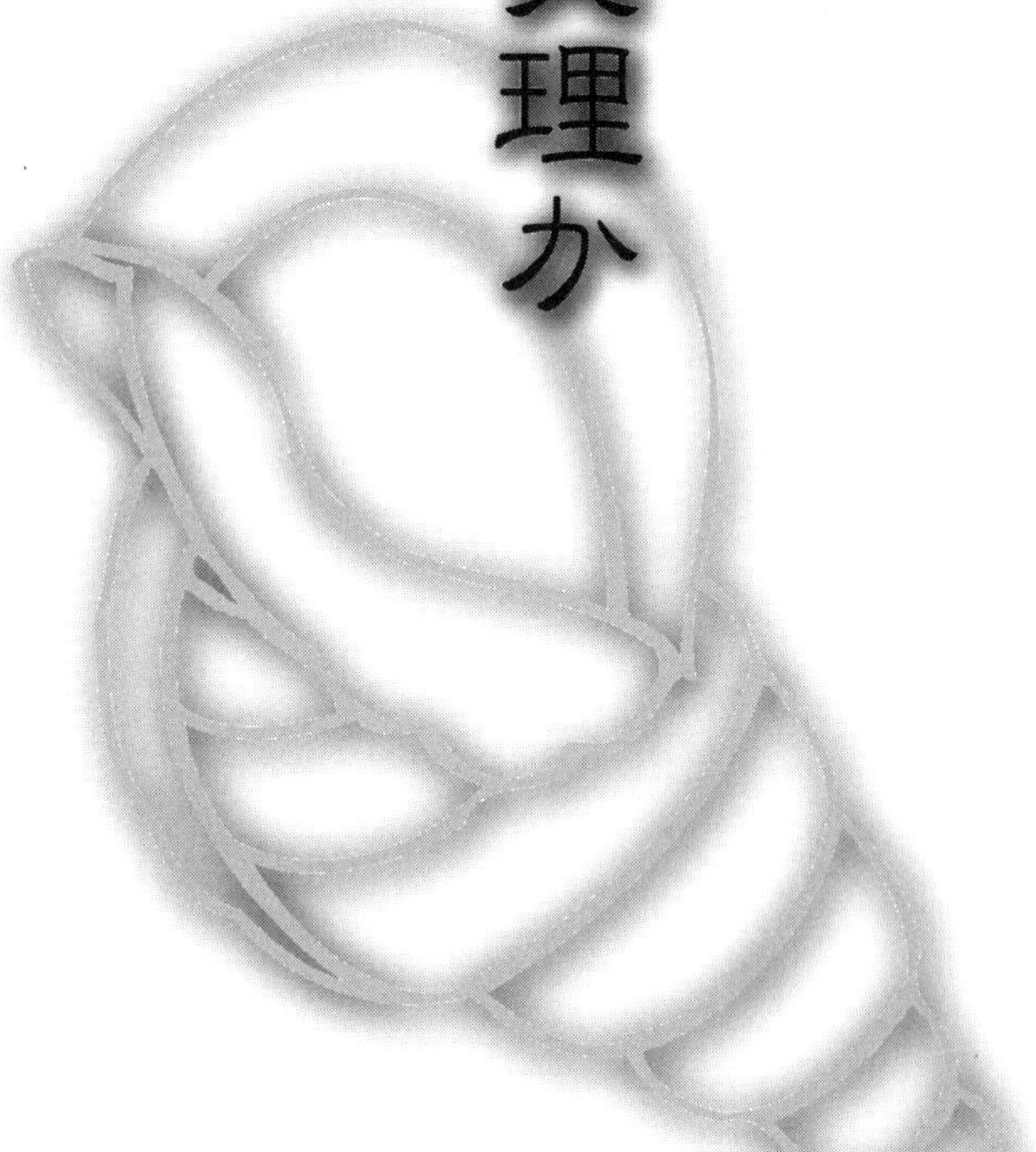

◆仏教が示す世界をシステマチックに伝える

（法螺貝の音）

鎌田　皆さま、こんにちは。東京自由大学の《現代霊性学講座》連続シンポジウム《仏教は世界を救うか》の二回目、「仏法は真理か」を始めます。冒頭、私が一〇分ほど時間をお借りしまして前回のまとめ、そして今回の趣旨についてお話しします。

先回の冒頭にもお話ししましたが、本講座のパネリストには共通する要素があります。その一つとして、私は「フリーランス神主」を名乗っていますが、藤田さんも井上さんもそれぞれ所属がありながら自由に活動されている、この三名は基本的に「フリーランス僧侶」だと思います。「フリーランスブディスト」、ブッダの教えを自由自在に実践している人と私は受け止めております。そこで、「神道フリーランス」と「仏教フリーランス」の違いを話すところから始めたいと思います。

神道というのは、他言語に翻訳するのは極めて難しいものです。なぜかというと、まず、祝《のり》詞《と》という一番重要な祭儀の言葉を翻訳することが困難ですね。たとえば「かけまくもかしこき」というはじめのところをどう訳すか。これは、ただ意味だけではないんですよ。「かけまくもかしこき」の、「かけ」、「まく」という音声、すなわち響きがあるわけですね。それから、大《おお》祓詞《はらえのことば》のなかに「あらしほの、しほのやほぢの、やしほじの、しほのやほあひにます」という詞章《ししょう》がありますが、このしほ（しお）、しほ（しお）、しほ（しお）って、しおらしく、「しほ」言葉が何度も連綿と続くところがあります。いつも私はここを奏上しているときにトランス状態に入りかけます。

これは祭儀の極めて重要な核心をつく詞章なので、この音の連鎖をきちんと伝えることはやっぱりなかなか難しいのです。意味内容からすると単純なことだとしても、そこにあるレトリック、サウンド、ボーカリゼーションは伝えにくい。けれどもこの部分が非常に大事なので、そういう点で私もこれをどうやって外国語にすればいいのかということを考え込み、困難を感じています。

これに対して、仏教というのは、極めて明晰なロジックを持っています。テーラワーダ仏教のスマナサーラさんは、「仏教は科学だ」とまで断言しておりますけれども、そこまで言うのは極端かもしれませんが、少なくとも仏教は間違いなく哲学だと言えるし、心理学とも、実践的な倫理学とも言えると思います。宗教という要素は仏教のある一部、もう本当に一つの枝にすぎなくて、本質は哲学、倫理学、心理学だと私は捉えています。その意味で、仏教は宗教という枠組みを離れて、もっと具体的な、認識のための実践的なプロセスである、と言った方がいいのではないかといつも思っています。

今日のテーマは「仏法は真理か」ですが、ここで言う真理とは、実践的に経験的に迫っていく、いわゆる信仰的真理ではなくて、認識的真理、瞑想的につかんでいく真理です。そこに、どのようなアプローチがあるのかが問題になってきます。

そういう点で、仏法というものは、ティーチング、教えが非常に明確にある。その教えを外国語に、たとえばサンスクリット語やパーリ語から、中国の言葉、漢語に翻訳できる。もちろん、中国語に翻訳するときはバイアスが当然かかりますし、それを日本に移すとまたバイアスは当然かかるんですけれども、しかし、翻訳して意味の核心を伝えることは、私からみるとそれほど困難ではないように思えます。そのような仕事を、昔は鳩摩羅什《くまらじゅう》とか、近代ではたとえば鈴木大拙さんとか、いろいろな方々がすでにやっていて、西洋の心理学の用語、あるいはヨーロッパのさまざまな諸言語にそれを移し替えたところで、そのヨーロッパやアメリカの人たちが「仏教っていうのはすごいな」とかなり分かってくれる。

こうして、仏教が持っている核心を言語的につかみ、表現することは可能であるということ。もう一つは、禅のような、あるいは密教のような、修行とか修法とかの身体メソッドでつかんでいく方法と道があるということ。

その両面から迫ることによって、仏教が持っている世界をシステマティックに伝えるということが可能になったと思います。

しかし、神道というのは、そのようなシステムが明示的ではない。まったくなかったらこれまで維持されていませんけれども、暗黙知で成り立っているのが神道の全体なので、これは非常にあいまい、ファジーです。まず、その根底をなす神様自体があいまいですね。「八百万《やおよろず》の神様」というぐらいですから。そういうあいまい性、大変ファジーでカオスティックな側面を持っている神道というものを日本は基底的に抱えていて、そこに仏法が入ってきた。仏法の真理、法が入ってきた。そして、私たちはこれを日本語で語り始めたわけですね。

経典は漢語ですが、日常的には漢語で全部やり取りしているわけではない。カトリックにおけるラテン語のような普遍言語でやり取りしているわけではないので、当然そのサンスクリット的概念世界や漢語的概念世界、仏教の体験世界が、日本語的な和語の軟体クラゲみたいなファジーであいまいなものとくっついて変容し始めます。そこで語られていく仏法というのは、おのずと日本の特性というのか、色合い、彩をもっていて、独自の日本の仏法が生まれてきたと考えられるわけです。

さて今日は、パネリストのお三方が長期にわたる海外体験や、海外との交流を通してつかみ得た仏法なるものの真理性や、それから、時代や地域を越えて普遍的に了解しあえるもの、これについて端的に語って頂き、議論を展開していきたいと思います。

それでは、まず井上さんから、よろしくお願いします。

仏教の「教え＝法」をひもとく

井上ウィマラ

◆真理をとらえる二つのレベル

井上　トップバッターを任されました。お配りしてあるプリントの裏の方に、今日の僕のテーマソング、「知恵の響き」という歌詞が載っています。『般若心経』を歌にしたものです。『般若心経』の最後に「羯諦羯諦波羅羯諦波羅僧羯諦菩提薩婆訶般若心経」というマントラが出てきます。その「羯諦《ぎゃーてー》羯諦《ぎゃーてー》波羅《はーらー》羯諦《ぎゃーてー》」をサビにして、私の般若心経解釈を詩にいたしました。まず聞いてください。よかったらサビの部分だけでも一緒に歌って頂ければと思います。

〈歌、ギターにのせて〉

♪ギャーテー　ギャーテー　ハーラーギャーテー
　ハラサンギャーテー　ボーディースヴァーハ
行こう　行こう　悟りの岸へ　苦しみのない涅槃の彼方
気づいてみれば　今ここで　その悟りに生かされていたよ

ギャーテー　ギャーテー　ハーラーギャーテー
　ハラサンギャーテー　ボーディースヴァーハ
心と身体　自然と私　出会いと別れ　流れ続けて
浮かんで消える　私という幻を　見守り続けて
ギャーテー　ギャーテー　ハーラーギャーテー
　ハラサンギャーテー　ボーディースヴァーハ
喜び悲しみ　期待と不安　自分を知るのが一番怖い
ありのまま　見守れば　そのままが悟りの姿
ギャーテー　ギャーテー　ハーラーギャーテー
　ハラサンギャーテー　ボーディースヴァーハ
行こう　行こう　悟りの岸へ　苦しみのない涅槃の彼方
気づいてみれば　今ここで　その悟りに生かされていたよ

ありがとうございました。なかなか仏教ソングを歌う機会がないので、歌わせて頂いてありがとうございます。

今日は真理がテーマですから、仏教の一番基本的な教えの四聖諦《ししょうたい》や縁起《えんぎ》などを中心にお話しさせて頂こうと思います。

「仏教は真理をどう考えるか」ということですが、仏教では真理を二つのレベルに分けて考えています。パラマッタ・サッチャ（第一義諦）とサンムティ・サッチャ（世間諦）です。サンムティというのは、一般的、仮想的、概念的、みんなでそう考えるようにしようと同意されている、というニュアンスです。一般的に世俗諦とか言われますが、俗という字は嫌だなと思ったので、世間諦というふうに書きました。

社会一般では、私たちは自分が存在するというふうに思いますよね。私を前提とした社会通念によって生きるレベルです。そうしたレベルでの真理と、「私」という通念を超えた真実。私がいるようにも思えるけれども、もうちょっと深く観察してみると、その「私」っていったい何なのかよく分からなくなる。今はそれが心理学とか、脳科学などで解明されつつあります。

物理学では、以前は原子が一番小さい物質の構成単位だと思われていましたが、今では原子はさらに微細な素粒子から構成されていると考えられています。じゃあ、それより小さいものは絶対にないのかどうか、物質と心の境界があるのか、これはきりがない、よく分からない問題です。

ただ、ある一つのレベルから別なレベルに視点をシフトすることで、前のレベルでは真理だと思っていたことが、必ずしも絶対的な真理ではなかったということが分かる体験をすることがあります。すると、一つのレベルを絶対的な真理だと思い込んで生きる不自由さから解放されます。「私」という無意識的な約束事のなかで生きる不自由さを、微細なレベルに降りて観察してみると、パラマッタ・サッチャと呼ばれる、より科学的なレベルに目覚めていくことで、解消してゆこうというわけです。

科学的な真実や法則が時代と共に変わっていくように、たとえ第一義諦であっても、それにこだわると同様なことが繰り返されます。その堂々巡りをどういうふうに片づけていくか、仏教でも時代の流れに応じて繰り返し問われてきました。

先ほどの歌の歌詞に、「浮かんで消える、私という幻を見守り続けて」とあります。歌詞が浮かんできたとき、「へぇ〜」と思ったことがあります。「私という幻を見張り続けて」と歌われると嫌な感じがしますよね（笑）。誰も、見張られたくないですよね。「私」というのはやはり幻なのですが、それが見守られていると、ちょっとこの幻が悪さをしたり、つまずいたりしたときにでも「大丈夫だよ」と言えるような気がします。見張るのか、見守るのか、そこの加減というのが、修行でも実に微妙です。

修行をすればするほど生きづらくなる人もいれば、修行が実れば実るほど良寛さんのようになっていく人もいます。「私」というのは仮想なのだけれども、日常では確かにあるような気がする。その幻をやっつけて、それは絶対的に悪いものだとしたら、これはまた別な次元での生きにくさを生んでしまいます。だから、その「私」という幻を見守り続けるというのは、これはいいことなのではないかと思うのです。そして、その「私」という幻を、生きている素の自分を見るのは、実は私たちが一番怖いことでもある。死ぬのも怖いですけれども、本当の自分に出会うというのはもっと怖いことなのかもしれないのです。

なぜ人は自殺するかというテーマがありますが、ある精神分析学派の人たちが言うには、偽りの自分がなりゆかなくなって、偽りの自分が自らを守るための最終手段が自殺なのではないかと。思い込んでしまったタテマエの自分が、ホンネの自分に出会ってしまう恐怖から自殺するのかもしれないということです。自分のありのままを見つめる、本当の自分に出会うというのは、言葉は美しいけれど、とても大変な作業なのです。人が最も恐れているものは、自分自身に出会うことなのかもしれないのです。真実を見つめることの難しさに関する仏教の教えが、『般若心経』のなかに凝縮されて説かれているような気がします。

◆仏教の真理に関する四つの教え＝四聖諦

仏教で最も基本的な教えが四つの聖なる真理、四聖諦《ししょうたい》です。苦集滅道《くじゅうめつどう》ですね。日本の宗派のなかでは、四聖諦はあまり関係ないとしてしまう宗派もありますが、やはり仏教である限りは、この四聖諦をどう理解し実践するかは大切なテーマだと思います。

第一の苦諦は、苦しみに関する聖なる真理です。生老病死、そして好きな人と別れること、嫌いな人と出会うこと、欲しいものが得られないこと、この心と身体を自分だと思い込んで執着して生きること、これらは四苦八苦と呼ばれます。さて今日は苦を見つめる別な視点を紹介したいと思います。

その一は「ドゥッカドゥッカ」、ドゥッカが苦しみの原語です。苦苦とも訳されます。身体的な痛み、あるいは心の痛みは誰でも苦しみだと分かります。誰でも否定しようがなく、苦しみだと思わざるを得ないような現象です。

その二が「ヴィパリナーマ・ドゥッカ」、変化による苦しみです。これはそれを体験するときは、幸せの絶頂であったり、快感だったり喜びだったり、安らぎであったりするような体験。それが時間の流れと共に変化してしまって、またそれが欲しいと思ったときに自由に自分の手に取り戻せないと苦しみに感じられます。変化による喪失に伴い、よいことへの執着がもたらす苦しみです。悟りに似たような神秘体験も含めて、いい体験が後の苦しみの原因になるということです。神秘体験や静けさも、執着すれば、思うとおりに再現できないときは苛立ちの原因となるわけです。

その三は「サンカーラ・ドゥッカ」、業を作る苦しみです。サンカーラという言葉は翻訳が難しい言葉の一つで、一般的に「業」と訳されます。形成力と訳す人もいます。私は「業を作ることに伴う苦しみ」と訳してみました。善業も苦しみのもとになり得るということです。

私たちは、善意でもってよいことをしようと思います。人のためになろう、社会貢献をしよう、あるいは悟ろうと思って行動を起こします。その行動のなかに自分でも気が付かない無意識的な思い込みがあるかもしれません。あるいは、対人関係のなかでは自分の善意がそのまま受け止められるとも限りません。相手が自覚していない相手の悪意があるかもしれません。相手は善意だと思っていても、こっちにはおせっかいとしか受け取れないものもあります。思うようにいかないものです。よいことをしようと思っても、人間関係のなかで全然思うようにならない結果をもたらすことは少なくありません。そういう苦しみのことを、業を作ることに伴う苦しみと呼びます。人生のコントロール不可能性、複雑性です。

ドゥッカという言葉にはさまざまな訳がありますが、最近の英訳のなかにはアンサティスファクトリネス、不満足性というのがあります。こうした苦しみの分類が理解されているからこその訳ですね。

経典では、この苦しみの真理は、それと戦ってなくすべきものとしてではなく、苦しみを苦しみであると知り尽くすべきものとして説かれています。理解すべき、知り尽くすべき真実です。しかし、私たちはその苦しみをなくそうとか、苦しみを乗り越えようとする傾向から逃れがたいものです。そこがまず、最初の私たちの側の誤解しやすいところです。

苦しみは苦しみとして理解する、ということは、なぜ私たちが苦しみと出会うのかという人生の意味の発見へと私たちを導いてくれます。なぜならば、私たちは意味を見つけ出さないと生きていけない動物ですから。そして、意味を見つけるという行為は受容へとつながっていきます。苦しみの真理が教えてくれることは、苦しみと戦うのではなく、人生を苦しみという視点から深く理解して、人生の意味を見いだして受容してゆくということなのです。

次の二番目、集諦は、その苦しみが起こってくる原因に関する真理です。苦しみの集起と訳しましたが、サムダヤの訳です。いろいろなものが寄り集まって、絡まり合って苦しみが起こってくるのですけれども、その苦しみの原因を三つのタイプの衝動的な欲望に見出します。カーマ・タンハー（欲愛）というのは、性欲に代表されるような「見たい、聞きたい、味わいたい、触りたい」という五感による快感体験を求める衝動です。

次がバワ・タンハー（存在愛）とウィバワ・タンハー（非存在愛）のセットです。「私」という思いが出てくると、「私はこうありたい」という自分の理想を求めたり、理想にかなわないものはこうありたくないと破壊したくなったりする。こうありたいというものと、こうありたくない、こうであるべきではないというもの、そのようにして二極の間で揺れ動く衝動があります。これらは、たとえば精神分析のなかでいうリビドー、エロスとタナトスに比較されるものではないかと思います。

三番目は滅諦です。前述の渇愛に関しては、それらが苦しみの原因になっているということに気づくことが大切です。すると、気づき自覚した瞬間には、たとえ一瞬であっても、少しそれから距離を取ることができます。脱同一化するということですね。その一瞬、ちょっと離れることで、手放すための第一歩が生まれます。そして、気づいて手放せた瞬間というのは、一瞬だけれども、苦しみの重苦しさが消えています。そのことに私たちは無知なままでいます。

たとえば、歯が痛いときのことを考えてみましょう。「痛い痛い、大変だ」と歯医者さんに行って治療してもらうけれども、その痛みが消えた瞬間、私たちは一瞬ホッとするけれどもすぐ忘れて他のことを考え始めますよね。歯の痛みが消えたときに「ああ、よかった」というふうにしみじみと味わう時間をとってみるとどうでしょう。そんな感じで自分が渇愛と呼ばれる苦しみの原因に気づいて手放してみると、一瞬であってもそこから距離がとれて脱同一化できたときに、その瞬間だけでも苦しみが消えていることに気づきます。その苦しみの消えた静けさや安らかさを意識的に確認してみましょうという真理が滅諦です。苦しみが消えた静けさを涅《ね》槃《はん》と仏教では呼びます。

最後、四番目の道諦というのは、涅槃に至る実践の道に関する真理です。八正道《はっしょうどう》と呼ばれる八つの実践項目にまとめられます。苦しみの消滅に至るための実践の真理は、中道(マッジマ・パティパダー)とも呼ばれるものです。

その八つの実践項目は、正しいものの見方、正しい心の向け方、正しい言葉、正しい行為、正しい生業、正しい努力、正しい気づき、正しい集中力の八項目です。この「正しい（サンマー）」という言葉には、善悪という両極端を離れて、その両極端の間で振れていく感情を見守っていくような、善悪の双方をまるごと受容することのできるバランスの良さというふうなニュアンスが含まれています。そこに中道のエッセンスがにじみ出てきます。

ブッダはこの中道ということを自分自身の人生体験から学びました。王子としての贅沢な生活によって苦しみは越えられなかった。苦行をして断食をしたり、息を止めたりしながら身体を極限まで追い込んでも苦しみはなくならなかった。そうした欲望耽溺と苦行という両極端が、ブッダの中道が生まれてくるよりどころとなりました。私たちが生きる現代社会では、自分はこうありたいという理想化と、それに合わないものはすぐに拒否して破壊してしまおうとする両極端があるように思います。理想化と拒絶というこの両極端をうまく抱きとめていくということが、現代社会に生きる私たちが心がけるべき中道の実践ではないかというふうに考えています。

以上の四聖諦が、仏教の説く真理の一番代表的なものではないかなと思います。理解するべき真理、気づいて手放すべき真理、実体験して確認すべき真理、実践して生きるべき真理。苦しみと、その原因と、苦しみが消滅した静かな安らぎと、そこに至る実践の道に関する真理です。

◆より現象に即して説かれた縁起

次に、四聖諦とならぶ仏教の基本的な教えに縁起《えんぎ》があります。四聖諦が人生一般的な感情的レベルから理解しやすいように説かれた真理に関する教えだとすると、縁起というのは、「私」という情感的なレベルよりももうちょっと科学的というか、現象学的というか、個人という枠を外してありのままに見つめるレベルで、苦しみが生じてくるプロセスを身心現象として説明するパラダイムになっているような気がします。

縁起の一番簡略なものは、二支縁起と呼ばれるもので、「これ」と「あれ」という二つの視点から、「これあればかれあり」「これ生じるによってかれ生ず」「これなければかれなし」「これ滅するによってかれ滅す」という形で説かれています。四聖諦を二支縁起の視点から見ると、集諦という原因によって苦諦という結果があり、道諦という原因によって滅諦という結果が得られることになります。今この瞬間に私たちが道諦と呼ばれる八正道あるいは中道的な生き方をすれば、その瞬間、あるいは近い未来に苦しみから解放された幸せ、静かな安らぎを体験することができるだろうということです。

一番詳しい形で説かれたものが十二支縁起です。その最初は、無明《むみょう》です。無明によって業《ごう》あり。私たちは気づかずに無意識的に善悪さまざまな業を作ってしまうということです。この無明と業が過去の原因とされます。

無明を理解するために役立つ心理学的な知見は、フロイトの反復強迫という考え方です。反復強迫とは、思い出すことができないくらい辛い体験などは、言葉で思い出される代わりに、その瞬間瞬間に、身体の無意識的行為として反復される、という見方です。今、この瞬間、身体で無意識的に繰り返している行為を言語的にしっかりと意識できるようになれば、身体レベルでの反復や症状は治まってゆきます。それが精神分析の基本なのですが、そうしたものの見方が「無明によって業あり」という十二支縁起の冒頭を理解するために役立ちます。

業を作ると、私たちはその結果を識《しき》として受けとります。この三番目の識は、意識全体というよりも、どちらかというと無意識に近いものです。無意識のなかでも、私たちが受精する瞬間とか、死ぬ瞬間とか、あるいは夢も見ずに寝ているようなときの一番深い深層心理を含みます。バワンガ・チッタ（有分心＝生命維持心）と呼びますが、これは後のアーラヤ識につながるものです。そうして一番深いレベルで命をつなぎ、過去から現代そして未来へと、私たちの行為のエネルギー情報を伝達する心のＤＮＡみたいなものではないかと思います。

そうした識に基づいて、心と身体という存在様式が生まれて、その身心に外界からの刺激情報を受け取る感覚器官が発生し、そこで外界のさまざまな対象との接触が生じます。その接触は避けることができません。接触が起こると、そこで私たちは何かを感じます。七番目の感受（ヴェーダナ）です。ここまでは、私たちが生きていくうえで避けることができないもの、現在に受け取らなければならない結果ですね。

身心がある以上、感じるということは否定できません。ですから、瞑想して悟れば何も感じなくなるということではないのです。瞑想して悟りに近くなればなるほど、苦しみは苦しみとして、痛みは痛みとして、あるいは喜びは喜びとして、人生をさらに生き生きと、「本当の自分」という言葉が許されるとすると、本当の自分らしく、より生き生きと感じられるようになる。しかしそれは、感じたものに振り回されたり巻き込まれてしまうことではありません。

感受は、快・不快・中性に分かれますので、私たちは自然に快を好み、不快を退け、中性を忘却する傾向があります。感受に関するそうした衝動を渇愛と呼びます。渇愛が習慣化すると執着となります。さらにその執着の寄り集まってできたパターンが生存（私という幻）を作り上げます。生存とは個的存在の基盤となるものです。

感受までは避けられませんが、感受を受けて渇愛、執着、生存へと続いてゆく流れに気づきを入れることは可能です。瞑想することで、無意識的な繰り返しを切断するチャンスが生まれるスペースがあるのです。気づくかどうか、そこが問われるわけですね。渇愛、執着、生存は現在の原因作りの過程です。

ここで、現在の原因を作るか否かで、将来に誕生と誕生に基づく生老病死などの苦しみを受けるかどうかが影響されます。十二支縁起の構成はだいたいこんなところです。

十一番の誕生についてもう少し説明したいと思います。誕生には、受精、出産、自我の芽生えという三段階が考えられます。受精の瞬間に端を発して、それから「個体進化（発生）は系統進化（発生）を模倣する」仕方で、胎内で生命進化の歴史をたどりながら人間の身体を作り上げ、やがて狭い産道を通って生まれ出てくる。その出産が一般的な誕生です。

しかし、身体は生まれ出てきても、まだまだ赤ちゃんの存在というのは親に絶対的に依存した状態です。立って歩けるようになり、言葉を覚え、自我意識が安定するのは三歳ぐらいになってからです。こうした三段階に分けた誕生があることを考えなければいけないし、現代の発生学や発達心理学はこうした位相を解明できるようになってきたのではないかと思います。

◆解脱の判断基準とは

最後に、瞑想修行によって得られる悟りや解脱に関してお話しします。

今の日本仏教のなかで一番欠けているのは、悟って解脱すると何がどう変わるかということの定義です。テーラワーダ仏教が伝えてきた、解脱に関するブッダの具体的な教えをほとんど説明できていないということです。その代わりに、師匠が弟子の悟りを認可するという制度ができています。

パーリ経典によると、ブッダは解脱に関しては自己判断ができるようにその条件をはっきりと説き示しておいてくれています。

預流《よる》（ソーターパンナ）は、聖者の流れに入った人、すなわち解脱の最初の段階に達した人です。聖者の仲間入りをする解脱の第一段階に入るためには、三つの条件をクリアしなければなりません。

第一番目は、有身見《うしんけん》（サッカーヤ・ディッティ）の超越です。「この身体は自分のものだ」という思い込みが越えられます。それまで自分の所有物だと思い込み、無意識的に「自分はいつまでも死なない」と思い込んでいた錯覚を超えてゆくのは大きな不安を伴う作業です。精神科医で『死ぬ瞬間』の著者として著名なキューブラー・ロスが死の受容の五段階のなかで説いたような、よき悲嘆による抑うつを通過しなくてはなりません。だからこそ、この有身見を乗り越えた人は、終末期で死の不安に直面している人に寄り添うことができるようになるのだと思います。この身体が自分のものではないことに気づいてはじめて、生かされていたという感謝の念が生まれ、この身体を大切にして生きてゆくことができるようになります。

第二番目は戒禁取見《かいごんしゅけん》（シーラッバタ・パラーマーサ）の超越です。これは、社会的、宗教的な儀式・儀礼や習慣からの解放をもたらします。冠婚葬祭や通過儀礼など、今、儀礼というものが持つ意味が見失われ、葬式仏教と揶揄されるように、葬儀も形式的なものになってしまっています。戒禁取見を越えることは、逆な見方をすると、儀礼の本質を理解できてそこから解放されるわけですから、必要ならば行うし、必要ないのであれば参加せずに落ち着いて見ることができるようになります。さらに一歩進めると、その場、その場で必要なものごとの本質を察知して、その場に合わせた儀礼を自発的に創造することができるようになります。そうなれば葬儀や法事に魂を込めなおすことも可能になります。そうした能力を得るためにも、知らないうちに条件付けられてただ繰り返してしまう儀礼や慣習に対して目を開いていく必要があるのです。

第三番目は疑いの超越です。人生は試行錯誤して生きていかなければいけないものですから、さまざまな疑いが生じます。そのときに、外的な権威に頼るのではなくて、自分自身の感じていることや考えをよりどころとして判断することができる、そのような自己信頼が得られることを意味します。それによって四聖諦や縁起、仏法僧の三宝に関する疑いも晴れます。「私」というものが実体のない空なるものであることに深く気づけば、「私」という個的観念から派生する過去世や来世に関する疑問も氷解します。

これらの三つが確立してくれれば、解脱を得たと自分で判断してもいいよ、とブッダは教えました。ただし、一生懸命修行する人は、ついつい悟ったと思い込みがちな傾向もあります。そうした思い込みを増上慢《ぞうじょうまん》(アディマーナ)と呼びますが、一生懸命修行する人ほど、増上慢になりやすいものです。しかし、人生というのは、解脱したと思ったその思い込みに気づかせてくれる、謙虚にならざるを得ないような状況を豊富に与えてくれるものです。人生の思い通りにならなさというものが、修行のチェックに使えるわけです。

ですから一生懸命に修行する人は、たとえ増上慢になって解脱したと思い込んでも、夫婦げんかをしたり、親子げんかをしたりするたびに丁寧に見つめることによって、「ああ、まだまだでした」というふうに反省できるものなのではないかと思うのです。こういうことがはっきりするだけでも、自分で人生を修行道場としてゆくための羅針盤が得られることになるのではないかなというふうに思っています。

鎌田　どうもありがとうございました。

仏教シンポジウムの第一回目のテーマは「仏とは誰か」でした。二回目の今回は「仏法は真理か」、次回の三回目は「仏教は社会に有用か」です。この問いかけは、仏・法・僧という三宝観に従っています。聖徳太子の憲法十七条の第二条に出てくる「篤く三宝を敬え」という三宝観にのっとって、仏・法・僧をテーマにしたわけです。つまり、第一に仏とは何者であるのか。第二に仏法、つまり仏の真理、ダルマとはいったい何なのか。そして、第三にサンガ、仏教の共同体、仏の共同体であるサンガ、僧の社会集団は、いったい社会全体のなかでどのような意味合いを持っているのか。このような連鎖する問いのなかで仏教や宗教の役割を構造的かつ体系的かつ現代的に検証しようというわけです。そして今、その仏法、ダルマ、すなわち真理の基本中の基本になるところを、井上さんが、現代の心理学の分析と付き合わせながら現代的に分かりやすく伝えてくれたと思います。

私は、三〇代の半ばに「魔」としか言えない状況を体験したとき、シャーマニズムとか密教が持っている感性の落とし穴に行き当たりました。オウム真理教の問題もそうなんですが、「魔境」は幻想的な体験領域に突入していくシャーマニズムや密教が持つ非常に怖い陥穽です。そのときに、私の座右の銘というか、ガイドになったのが、原始仏教の教義を伝えるパーリ語の経典『スッタニパータ』でした。それが「魔」体験後の私の聖典となり、行の指針、ガイドとなったわけです。その初期仏教のブッダの教えが非常に大きい手がかりになって、「これは極めて強力で有効な解毒剤だ」と思いました。極めてよく効く解毒剤、というのが、最初の身に染みた仏教体験でありました。

自分のなかに染みついた魔的な力と観念をその強力解毒剤で洗い流す心の薬。そういう薬効があって、自分をクリーニングし、リセットすることができた。そのためには、心の現象学というか、心を緻密にくまなく見ていく、あるいは現象の立ち現れをありのままに見ていくということが非常に重要になります。それが、四聖諦、八正道、縁起、解脱というプロセスですが、その仏法の根幹になるところを井上さんに示して頂き、その重要性を再認識しました。

続けて、西川さんの立場から仏法とは何か、何が仏教の真理であるかを話して頂きたいと思います。

仏教が説く真理と私

西川隆範

◆釈迦が認識した「教え」を確認すること

西川　このシンポジウム全体のテーマ《仏教は世界を救うか》というのは、今日のテーマよりは答えやすいと思います。仏教は世界を救える、と僕は思っています。しかし「仏法は真理か」と言われると、大変難しい問題に直面すると思います。

今、釈迦の話がありまして、まず四苦八苦から考えると、生老病死、老いる、病気になる、死ぬ、これはまあ苦でしょうね。それから、好きな人と分かれる、嫌な人と会う、欲しいものが得られない、これも苦にはちがいない。では生まれることが苦かどうかと言われると、どうでしょう。多くの親は子どもの誕生を喜びますね。しかし、これから苦労多い人生を送らなくてはならないからやっぱり苦しいかな。

十二因縁も筋が通っている、と思います。誕生しなければ老いも死にもしない。非常に論理的ですね。

こんなふうに仏教は、何かを信仰しなさいという宗教ではなくて、釈迦が認識した教えが説かれていて、それを僕らが自分で考え、瞑想して確認するという、そういう哲学的な宗教です。ですから、他のさまざまな宗教に比べれば、うんとその真理性を確認しやすいものと思います。

ちょっと井上さんの最初の歌で質問したいと思ったんですけれども。二番のところで、「私という幻を見守り続けて」の「見守り続ける」という動詞の主語は何になるんでしょうか。

井上 そうですね、何でしょうね。

西川 「私」なのか、何かもっと大きなものなのか。

井上 「私」でもあるし、その「私」を越えたものすべてではないでしょうか。

西川 なるほどね。この歌詞のなかに、いくつか「自己」とか「自分」という言葉が出てきます。それと、今言ったように「私という幻」ですね。三番を見ると「自分を見るのが一番怖い」という言葉があります。これは、この普段の自分なのか、無意識の自分、欲望の自分が怖いのか。あるいは、アートマンのような、もう神のような自己に直面するのが怖いのか。

自分というものを幻と見る。しかし同時に、解脱の条件の一つに「自己信頼」とあります。釈迦が無我ということを説かれました。自分だけではなくて、いろいろな物も無我的存在。あらゆるものは固定的な実体のないもので、自分自身もそうだというわけですね。確定した自分ではない、縁起で変化していく自分だということ。

しかし同時に、釈迦は「自己を確立せよ」と説法なさっている。「自己をよりどころとせよ」とおっしゃる。錯覚的な自我への執着を絶つと同時に、仏法を極めようとする自分を確かなものにする。この辺が仏教の大きなポイントだと思います。自我とか自己をどう見るかですね。皆さんご存じのとおり、仏教のなかにはたくさんの流れができていきました。まず、釈迦の仏教ですね。それから、それに基づいて全体を細かく整理した、部派仏教のアビダルマ。これは全体をきっちりとまとめた体系の仏教ですね。これがまずとても大事、と僕は思います。釈迦に基づいて精密に作りあげた人間観・世界観ですから。

日本でも「唯識《ゆいしき》三年、倶舎《くしゃ》八年」というふうに、ヴァスバンドゥー（世親）のアビダルマ倶舎論を、基礎的な仏教として習得してきた。しかし、現在の各宗派のお坊さんたちは、この本をそんなに熱心に研究していないのではないでしょうか。各宗派の特徴的な教えの学習と修行が中心になっていて、元来の仏教の世界観全部をきっちり押さえることが最重要ではなくなっている、というのが日本の現状ではないでしょうか。

◆「空」とは何か

次に、「大乗仏教は真理か」です。これは釈迦と全然違うというわけではないんですけれども、かなり特色がはっきり出ている経典群が西暦紀元前後から出現します。そのなかで、僕が一〇代の頃から一番影響を受けたのは、般若系の経典が本当に面白くて、不思議な世界に入っていく。上座部から分派した説一切有部《せついっさいうぶ》では、もの・物というのは、もしくはもの・物の要素というものは、有部だから「有る」というふうに説いている。これに対して、ナーガールジュナ（龍樹）から始まる中観派では、全部が「空」と言ったんですね。空と見ることによって、こだわりから離れることはできます。照見五蘊皆空、度一切苦厄、ですね。

世界というものが空かどうか。これは、僕は「空」と思います。空というのはご存じのとおり、「ある」でも「ない」でもないところ。ないとは言わない。しかし、固定的にあるのではない。縁起によって変化している。そのことを見れば、今の状態にこだわることはなくなってくるわけです。

もう一つは、自分が「空」かどうか、ということです。西洋哲学にも自我というものの存在を否定する人は多々いますけれど、宗教で私というものの存在性を否定的に見る、もしくは私というものが存在するかどうかを疑問視する、というのは少ないのではないかと思うんです。キリスト教では、原罪を背負った自分、罪深い自分を自覚するようにと言いますし、今の自分が理想態とは程遠いので、自分を放棄して、全面的に神に委ねなさいと説く宗教は多いですが。

大乗仏教では、中観派が登場し、唯識派が登場する。唯識派は瑜伽行《ゆがぎょう》の実践によって、阿頼《あら》耶識《やしき》を発見した。そうすると、瞑想体験を通して、まず世界が空であるということが大きく打ち出されます。

『華厳経』の三界唯心《さんがいゆいしん》という認識で、世界という現象を作っている自分の意識・心は、むしろあるような感じで話が展開する。そうすると、「世界は有る。私も有る」、「世界は空。私も空」、「世界は空。私は有る」、それから「世界は有る。私は空」ということも考えられます。西洋の観念論哲学では、「私はある。世界は幻である」と、「世界は幻である。私も幻である」になります。

第一回でもお話ししたんですけれども、ある時代にある地域で説かれた真理は、時代が変わったり場所が変わっても本来の真理性は変わらないんだけれど、しかし、受け取る側の人間の意識が変化を遂げていくと、真理の重点が変わってくる。

生まれることは苦かどうか、という最初のテーマですけれども、どうでしょうか。現代の日本に生まれることが苦かどうかというふうに問うと、労働は過酷になっているし、老後は不安だし、やはり苦でしょうか。しかし、どちらかというと、もともと日本や中国では、苦しみ多い人生を経験した人々は多かったですが、現世を楽しむことに価値を見出そうとしてきた。人間が陽気に暮らすのが、神にとっても嬉しい。

原始仏教は涅槃志向、大乗仏教だと慈悲ゆえに輪廻《りんね》して衆生を救済するというふうになってきました。

これもまた、ちょっと難しい問題をはらんでいます。空なる自分が活動して、空なる世界を救済するというのはいったいどういうことか。

哲学研究家の湯田豊氏は、「原始仏教において、人々が苦しんでいる生の現実は直視されている。しかるに、大乗仏教においては、苦はもはや現実的なものとは感じられない。……菩薩は人生という名の生の潮流の真只中にあって、しかも彼はそのなかにはいない」と、批判的に指摘しています。

インド学者でありシュタイナー派の宗教改新運動に身を投じたヘルマン・ベックは、「我々の論理によれば、一つの生涯から次の生涯へと赴く主体が必要であるはずだが、仏教はその主体である自我 Ich ないし自己 Selbst まで迫ろうとはしない。……仏教の瞑想は絶対的自我（absolutes Ich）に突き進むことはない」という言い方をしています。彼の師のシュタイナーは、昔の人間の意識は集団的で、個我は希薄だったのが、だんだんと個人が強く意識されていき、個我を肯定的に見る思想が成立した、という見解です。

たとえばキリスト教ですけれども、イエスが言うには、「アブラハムがいる前から私はいる」。イエスという人間がアブラハム以前からいたわけではない。以前からいたというのは、彼の自我が肉体とは別個の、もっと古い起源のものというふうにとらえられます。あるいは、「私は命である」とか「私は復活である」とも話しています。これは信仰的には、イエスを命として信仰するというふうになるんでしょうけれど、だれにとっても自分の「私」というものが命である、と神秘哲学的にとらえることもできます。

もう一つ引用しますと、十字架上のイエスが罪人に向かって「君は今日、私とともにパラダイスにいるだろう」と言う。「イエスとともに」と解釈するのがキリスト教的ですけれど、だれにとっても自分の「私」があるところにパラダイスがある、という神秘思想になる可能性もあります。

天国とか楽園というと、何か上空にあるように考える人がいると思うんですけれど、自分の内面に浄土を見ていく。私の魂が楽園状態になれば、そこに天上的な楽園が出現する、ということでしょうか。

◆末法思想をどうとらえるか

先日、遠寿院住職の戸田日晨伝師からお手紙をもらいました。そのなかに荒行堂の水行の時間割が入っておりまして、僕にも朝三時から水をかぶりなさいというお勧めなのかなと思ったんですが（笑）。そこにもう一つ、講演会のチラシが入っておりまして、宗教学者の島薗進先生の講演会の案内でしたが、面白い紹介文だったんです。ちょっと読みますと、こんなことを書いておられます。

「日本仏教こそ大乗仏教の精髄を実現した、そして鎌倉新仏教こそその現れだというような宗派主義的な仏教史解釈がなお通用している。しかし、国際的な交流が深まり、世界の仏教のなかで日本仏教の位置を自覚していくべきときに、それでよいのだろうか」「元来、仏教の伝統では授戒式を通してもっとも重要な何かが伝えられていくと信じられてきた。日本の仏教はその基本から逸脱し、異なる方向へと展開してきた。そのことと宗派仏教化は密接に結びついている。そして、それは鎌倉仏教において末法思想が重んじられ、正法の継承という僧団の存立理由がもはや成り立たないと考えられたことに多くを負っている」と書いてあります。

末法思想はとても大きな問題です。末法なんだからお坊さんも堕落していないとおかしい、そんな思想も出てまいりました。「末法灯明記」には「末法の世には、破戒の僧が世の宝である」とあります。愚かな詭弁です。作者とされた最澄も、鎌倉仏教の祖師たちも、非僧の親鸞以外は持戒の僧です。最澄の言う大乗戒は堕落容認ではありません。

インドにもギリシャにも、かつての黄金時代・白銀時代・青銅時代を経て今は暗黒時代＝カリユガだという考え方があります。神話的にいうとクリシュナが死んだ紀元前三一〇二年に暗黒時代に入り、それから五千年間が一番暗い時代と言われます。カリユガ自体は四十三万二千年続くけれど、最初の五千年間が終了した一八九八年頃から、時代は大きく精神的な方向に転換した、という時代認識があります。もはや末法ではない、光に向かう時代に入っている、という認識です。実際、精神世界への感覚が開けてきている。霊的なものに敏感な子どもも今はよくいます。これには、もちろん問題もあります。きっちりした修行なしに霊存在に触れてしまうと、精神的に変調をきたすことがありますから。覚知魔事が大切です。

◆日本仏教の大きな三つの流れ

日本仏教には、大きく分けると、浄土教と禅と密教という流れがあると思います。まず、浄土教ですね。極楽浄土というのは、仏教の考えから言ったらやはり空なのか。あるいは実在していて、そこに往生するのか。仏教学的に言ったら、空でしょう。しかし、念仏する人は実在すると信じてやっておられるのではないでしょうか。

浄土は方便である、実際は空なんですよ、というふうに言うべきなのか。ある東京の浄土宗の坊さんは、葬式のあと遺族に「阿弥陀仏というのは架空の存在です」と言っていましたが、それは遺族にとって慰めになるのでしょうか……。

天界全体を含めて世界が「空」もしくは「無」なのか。あるいは、この世は「空」であっても、涅槃は常楽我浄なのか。そんなことは考えないで、生死即涅槃でやっていくか。

今の年配の方々は「無」や「空」に対する共感が大きいと思うんですけれど、若い人が求めているのは何か不滅の魂みたいなものではないかと感じます。自分が消えることよりも、自分が純化されて向上するという方向です。

近代以降の人間は、自分が消えること、消えてそこで安らぎを得るという考え方は了解できはしても、何かもっとしっかりした不滅の魂である自分を追求している印象を受けます。有と無を巡っていくつかの流れが出てきたことから考えれば、新しい時代においては無我の方向だけでなく、学者にはあまり評判がよくない仏性・如来蔵の流れの再検討があり得ると僕は考えています。

禅のテーマも、無我だけではなく、自己の探求と言うことができるのではないでしょうか。そう言える公案がいくつもあると思います。これという核心の自分をつかむこと。身心脱落と言う場合、身心が抜けた「無」の状態を言っているのか、身心が抜けて「何か」が残った状態を言っているのか、ですね。

密教では『大日経』に如実知自心《にょじつちじしん》とあって、「如実に自分の心を知ることが悟りである」と説かれています。密教は仏教といっても、かなりヒンドゥーに近いのですが。

鎌田　ありがとうございます。

西川さんの話によって、明らかになってきたことがあります。それは仏教の歴史の問題です。歴史というものを、あるいは時代というものをどう意識するのか、とらえるのかということ。そして、そのなかで仏教が変化してきた、仏法の説き方ももちろん変化してきたわけですが、変化してきたことが持つ思想の整合性と特殊性、それをどういうふうに明確に位置づけ、認識し直すのか。そしてそれを、たとえばルドルフ・シュタイナーと対置したとき、その変化のパースペクティブをどうとらえ直すことができるか。そういう問題意識を提示してくれたと思うんですね。それについて、私の方から少しコメントをはさみたいと思います。

◆時代背景のなかで求められる真理

西川さんは、自分を否定的に見る宗教は少ないと指摘しました。仏教はその貴重な一つの事例ですね。自己否定的なというか、自我幻想を破壊し、突破していく。そして、私の幻想領域をほぐし、解放し、無化していく。

僕は昔から古代キリスト教最大の異端宗派であるグノーシス主義に興味を持っていますが、このグノーシス主義は強い仏教の影響によって成り立っていると思っています。もともと、キリスト教そのものが大乗仏教の影響を強く受けていると僕は確信していますので、だから、もちろん仏教とキリスト教の違いもあるけれども、非常に強い交流と結びつきと共通点もある、と考えてきたわけです。

グノーシス主義は、我々はこの世界に落とされている、と見ます。そのために、根源的な苦しみのなかに包まれていて、みな、大きな幻覚と迷妄のなかにあると考える。だから、その幻覚・幻想の穴の中から本当の世界へたち帰っていかなければいけない、と自己認識・自己覚醒していく構造なんですね。

その前提として、今、我々が最高の神としているこの神が実は偽物の神で、私たちの悪の世界を創造してしまったと解釈する。偽物の悪神が表に出ていて、真の神は隠れているから、我々霊的叡智を求めてやまぬグノーシスの徒は、その隠れている本当の神の世界へ帰って行くのだという。

これはしかし、キリスト教としては、キリストの神聖性や唯一性を否定することになるし、何よりもこの世界を創造した神を否定することになるから、まったくの異端になるのは当然で、古代カトリックからすれば最大の異端になった。けれども、私はその考え方自体に一つの時代意識というのか、キリスト教の正統教義とはならなかった認識や思想が生まれてきた流れと思考の必然を非常に興味深く思っているのです。ぶっちゃけて言うと、僕はグノーシス主義に関心があると同時に、その思想が好きなんです。

そのグノーシス主義は、西川さんの言う数少ない自己否定の宗教です。徹底して、自己を疑い、神を疑う。今、私たちの自己はうそ八百で塗り固められている状況のなかにいて、そこからやっぱり解脱しなければいけないという構造を持っていて、そういう自分のなかに、最初から、生まれてきたときから苦に落とされているという自己否定的な自我像がある。だから、そこからそれをどう突き破り、かち割って、解体して、本物の自分というものが何なのかに目覚めていく、というプロセスをたどる。そういうキリスト教のなかにグノーシス主義が生まれてきたということの時代的な変化や転換と、一方で仏教のなかに大乗仏教が生じ、また密教が生じ、日本になるとまた日本の仏教が生じるというように、この時代と場所で切り替わり、教え方が変わっていくなかで、その真理の今日問われている不易流行みたいなもの、つまり、変わっている部分や特殊性と、それから変わらない本体というのがあるのかどうなのか、を問い詰めていく。

もう一つの基軸は、それでは、そもそも「正法《しょうぼう》」とはどのようにして仏教史において存在するのか、という問題です。道元さんは鎌倉時代という戦乱の時代、乱世にあの『正法眼蔵』を書いたわけだし、「末法」という時代を時代認識していなければ、そこで「正法」をあえて名乗るような、タイトル付けも出てこないと思うんですね。だから一方で、キンキラキンの宇治の平等院の鳳凰堂を造り上げていく摂関政治権力の浄土思想、ここでいうタナトス思考みたいなものに対して、「正法」思想とは、「いや、本当の仏教にいったい自分たちはどのようにして直面・直接するのか?」という切実な問いだったと思うわけですが、今この時代のなかで、もう一度「正法」観を、仏教史のなかでどう位置づけ直し、捉え直すことができるのかが問題になってくると思います。

その辺のところも含めて、次に藤田さんにお伺いします。

主体的な人生のうえで真理を生きる――藤田一照

◆どれくらい真剣に求めるか

藤田　今日のテーマが「仏法は真理か」ということで、この題を見たとき、どういうふうにこれにレスポンスするべきかなと考えました。多分、一筋縄ではいかないので、一貫した論理展開で話さないで、単発的にいくつかトピックを思いつくままに話させて頂いて、皆さんでネットワーク的にそのトピックをつなげて頂ければと思っています。

まず、直近で自己否定の宗教ということを西川先生、それから鎌田さんが言われたんですけれども、自己否定といっても、この否定というのは、現実が自分を否定しているのであって、自分は自分を否定したいのではないわけです。

自分としては、自分を守りたいわけじゃないですか。だけど、現実からのしっぺ返しというのか、現実が自分を否定するような形で迫ってきているわけです。自分は自分を守りたい、今のままの自分でいたい。だけど、どうしてもそれが、ウィマラさんは立ちゆかなくなるというふうに言いましたけど、現実の方から自分を否定するような形でいろいろ迫ってくるという、そういうところに人間っていや応なく置かれてしまうわけですよね。それをどうやって乗り越えていくかということで、それぞれがそれこそ四苦八苦しているわけなんですよ。

一応、仏教の創設者、創始者といわれているゴータマ・シッダールタも、やはり我々と同じようにそういう苦境から立ち上がって、彼なりのレスポンスをしたわけですよね。彼が彼なりの解決を見出して、それがほかの人にも多分有用だろうということで広めていったのであって、実体験としてそのシチュエーションをうまく切り抜けられたという人が増えてきたから、彼の回りに信者さんなり、一緒にそれを学びたい、あるいはそれを身に付けてほかの人に広めていきたいというような人たちができて、大きな仏教という流れができたんだと思います。

ですから、自己否定の宗教といっても、自分が否定するというよりは、その現実に否定されているような、自分っていったい何なんだろうという、そこから始まっているのですから、この自己否定という言葉はどうなのかな。そういうふうに理解した方が正確、厳密なのではないかなと、話を聞いていて思ったので、まずそれだけ言っておこうと思います。

それで、真理という言葉なんですけど、どうも僕らは科学的真理というか、その真理という言葉に対して、いつでも、どこでも、誰にとっても正しいという、何かそういうイメージがあると思うんです。いわゆる、客観的な真理という理解の仕方なんですけど、これはちょっと問題があるのではないか。特に宗教的な世界で真理といった場合は、だれにとっての真理かというところを抜きにしては語れないと思うんです。

もっと端的に言うと、自分にとってどうなのか、自分抜きの真理というのは、単なる情報か教養でしかないわけですよ。僕らが仏法は真理かと問うときに、そういう意味で問うているのか、ということですね。

この問いを主体的な真理として受け取る、主体的な真理というのもちょっと変な話なんですけれども。これは確かキルケゴールが言った言葉ではないかと思いますけど、たとえば、ジョークというのがありますよね。それが面白いかどうか、それには二つの答え方があると思います。そのジョークに含まれている面白いものを分析していって、こうだからこうって論理で押していって、だから面白いんだという。でもこれでほんとに笑える?

確かにそういう証明の仕方もあるけど、端的にそのジョークで笑ったら即それは面白いんじゃないですか。こっちの方が主体的真理というのに近いのではないか。あらためて証明する必要がないというのか、聞いたらもうそれで笑ってしまうわけで、もうそれでいい。笑っちゃったこと、それがもう、そのジョークが面白いことを証明している。

仏教がお釈迦さんから始まってこれまでに二六〇〇年ぐらいがたって、その間に各地でいろんな発展、深まりを見せて、それが結果として膨大な量の経典になっているし、それからいろいろな文化財、いわゆる仏像、仏画、仏教音楽、建物を生み出し、もはや文化を成している、仏教文化というものを形成しているわけですけど、それを客観的なものとして、向こう側に置いて眺めるか、あるいはそれを教えとして主体的に受け取るか、というこの態度の違いで、同じものが全然違って見えてくる、というのが大事な点ではないかと思います。

我々は、はたして「仏法は真理か」と言うときに、この真理が、私はそれなしには生きていけないぐらいの真剣な態度でこの問いを発しているか。あるいは、教養として仏教の本は読むに値するかとか、今読んでいたらかっこいいとか、そういう切実な生き死ににかかわらないような、生き死にと言うとちょっと極端過ぎるけれど、切実さがどのくらいのところでこの問いを問うているかということで、ずいぶん違った話が出てくると思います。

我々は、仏教を仏の教えというふうにとらえ、自分がそれを教えとして求めているか。どういう切実さでその教えを求めているか。その仏教伝統に向かい合ったときに、それを教えとして受け取める自分の態度はどうか、というところが非常に大切なことで、そこの違いでもうそのあとの展開は全然違ってくるのだと思います。

ですから、仏教教養講座で偉い先生の非常にかみ砕いたお話を聞いて、お釈迦さんはこう言っている。仏教について何か聞かれても、クイズとかテストで問題を出されても、一応答えられるということで仏教が分かったと言うのか。仏教ってそんなものでいいのだろうかということになります。つまり、学校で先生から教わるようなものとして理解の仕方でいいのかということなんですね。

僕は、仏教は学校で教わったことがありません。自分で勉強してきました。それが唯一の学び方というふうには思わないのですが、これまでずいぶん違うスタンスで仏教を学んだ人がいるもんだな、というふうに思うことがありました。

だから、「仏法は真理か」、この問いというのは、自分がどういう立ち方で仏教に対峙しているかということを問わないと、客観的に答えられない問題、問いかけなのではないかなと思います。そういう問いを発すると、問いかけが自分の方にはね返ってくるというんですか、そういう問いとして受け取らないといけないということですね。

◆真理とは凡夫の見方では分からないもの

それとも関連しますけど、僕はつい最近、ティク・ナット・ハンさんの『法華経』の本を訳し終わりまして出版したばかりなんです（『法華経の省察』春秋社）。ここしばらくの間、『法華経』漬けになっていたので、まだその影響のなかにあるのですが、『法華経』のなかに「ただ仏と仏のみよく究め尽くすことができる」という、「唯仏《ゆいぶつ》与《よ》仏乃能究尽《ぶつないのうぐうじん》」という文句があります。道元さんもこれを引用していて、『正法眼蔵』に唯仏与仏という巻があるぐらいなんですけど、これは仏だけが仏法が分かるという意味です。だから、みんなに分かる話ではない、ということが書いてあるんですよ。裏から言うと、凡夫では仏法は理解できないということですよね。しかも、それが『法華経』というすべての人を成仏させるというメッセージを全面に出している経典のなかに書かれているわけなんです。客観的真理として読んだら誰でも分かるという、そういう話ではない、ということがその大乗仏教の精華といわれているお経のなかに出ているんです。さあ、これはどういうふうに考えたらいいのだろうか、ということなんですね。道元さんもそれは強調しておられまして、凡夫として仏法を分かることはあり得ないと書いてあるんですよ。

では、仏と凡夫とはどこが違うのか。凡夫の見方ではそこにあっても見えないけれども、仏の見方をすれば疑問の余地なくというか、禅の言い方だと自分の手のひらを見るようにありありと、疑いの余地なく見える、ということなんですね。だから、その違いのところが大事になってきて、生きた仏法が味わえるか。禅でいう滓《かす》、あるいは上澄み、本物ではなくコピーというか、レプリカ、複製。要するにそれは死んだ仏法じゃないかということだと思うんですね。

凡夫というのはいろいろ定義がありますけど、自分と他を隔てて見ているような見方。僕らの普通のものの見方だと思います。それを変えない限りは、仏法は生きた仏法として僕らの方に届いてこない、いくらそこにあっても届いてこない、ということだと思うのです。こういう厳しいことが大乗経典としての『法華経』に書かれているということは、僕は非常に重大なことだと思っているんです。

仏教が難しいというのは、もちろん伝える側の怠慢もあって、何か非常に多くのブラックボックス化した仏教ジャルゴン、業界用語を羅列して、いかにも難しいことを説いているように見せている仏教のプレゼンターの人たちがこれまで多かったというのは、もちろんそうだったんですけど、それよりもっと本質的には、僕ら受け取る側の問題があるのではないか、ということです。

◆大乗仏教とは釈迦の人生を通して見る真理を生きること

それともう一つ、大乗仏教の話をしようと思います。大乗仏教以前の仏教では、お釈迦さまは大天才なんですよ。天才的な人間で、それは唯一人しかいない。歴史上一人しかいないような天才、そういう大天才がお釈迦さまで、その方が真理を発見されて、それを我々に教えてくださる。言葉を通して。それがいろいろな教義になっているわけで、それはもう間違いがない、無謬で永遠の真理であるから、私たちに必要なのは、それをちゃんと理解してそのとおり伝えていくこと、実践することだ、というのが課題になってきたわけです。正しく理解するためには、分析とか推理とか、お釈迦さまも体系的に話したわけではないからまとまっていないので、それをいろいろ分類して、体系的な教えにするのが課題だということで、彼らなりに一生懸命やっていたわけです。つまり、語られたことが法になっていたわけなんです。

けれども、大乗仏教はちょっと質的に違ったものがあって、お釈迦さまは確かに素晴らしい方だけど、あれは法身仏の化身であったという見方をするわけですね。だから、お釈迦さまをお釈迦さまにしたものがある、というわけです。お釈迦さまの源ですね。お釈迦さまはそれの完ぺきな表現として、そこに我々のために、我々に応じて化身として出てきたというか、幽霊ではないんだけど、化身としてあるものというような見方をするわけです。つまり、大乗仏教では釈尊というのは化身仏なんですね。

ですから、そういう見方をしますので、もちろんこの肉体も我々のために化けて、変化《へんげ》と言いますが、そういうものとしてこの世に出てきているわけです。だから、もちろん教えもそうなんです。これが『法華経』で言う方便ということですね。もちろん、重要な教えではあるし、ありがたい教えでもあるんだけど、それは禅で言うと月を指さす指なんだということなんです。

ですから、大乗仏教の人たちが見ているのはお釈迦さまがどう生きたかという行動と言いますか、語られたものではなくて、お釈迦さまの人生そのものを見ているわけです。そのなかにいろいろな人に対応しながら話したこともある、それももちろん無視するわけではないけれども、見ているところがちょっと違うのではないかと。お釈迦さまの口じゃなくて背中を見ているというか、お釈迦さまの人生の航跡、お釈迦さまの人生全体のメッセージを読み取ろうとしている。話したことも含めてね。そう言った方がいいでしょうね。

それを一言でいうと、一切衆生を解脱の岸へと運ぶために化身仏として現れてくださった、というのです。それは、お釈迦さまだけでなくて、我々もそうであるというようなところまできちゃうわけですよ。お釈迦さまもそうだったのなら、我々もそうあるべきだ。だから、お釈迦さまのようになろう、という話が出てくるわけですね。それをみんな仏と呼ぼう、というのが大乗仏教なんです。

それ以前の人たちというのは、お釈迦さまは特別な天才ですから、もう我々とは違う人だと言っていたんです。我々はいくらがんばっても、せいぜいのところ修行者の最高位、仏にはなれない阿羅漢どまり。だから、自分のなかにある煩悩をなくせばいいということになる。煩悩をなくして清い生活を送って、この現世を終えることができればそれでいいという。それは、大乗仏教的に言うと、自分を見くびっていることになります。私って、結局この程度なんだから、みたいな感じで。もちろん、それでも人間にとってはかなりハードルの高い目標だと思いますよ。

けれども、大乗仏教はそういうのとは全然違う人間像を打ち出していて、つまり菩薩ですね。それは難しいかもしれないし、あるいは簡単かもしれない、だけどそんなことはあんまり問題にはならない、とにかくお釈迦さまが生きたように私も生きたいし、そのように生きよう、という誓願を立てるわけです。そのときに、実は自分たちも仏になれるんだけど、今はあえてここ、この娑婆世界で菩薩としての仕事をしているんだというふうに、現世にいる意味が全然違ってくるんですよ。

こういう意味転換がおきると何が違ってくるかというと、生きる苦労の意味が違ってくるんです。先ほどウィマラさんも意味ということを言いましたけど、もしもその苦労を本来味わってはいけない苦悩だというふうに意味づけてしまうと、その苦労が重いんですよ。重くて暗くて、痛ましいものになってしまう。でも、菩薩にがらっと変われば、それは、何年もかかって変わるのではなくて、今、今すぐ変われるんですよ。

それを菩提心を発《おこ》すと言います。菩提心を発したとたんに立派に菩薩になっているわけですね。そういう人生の方向性に決定《けつじょう》する、腹を決める、覚悟して立ち上がる、そうしたら、煩悩も苦しみも暗いものじゃなくなって、明るく光り出すんです。積極的な意味をそこに見出してくるから光り出す。輝き出すと言った方がいいかな。だから、砂がダイヤモンドになる、というぐらいのラディカルな意味変化がそこに起きるんです。

僕らは意味というものをもしかしたら軽く思っているかもしれないけど、意味を変えたら本当に苦労が違って見えるわけですよね。それを体験した人が仏教の系譜のなかにたくさんいるわけです。そういうのが、僕は主体的な真理だと思うんです。だから、自分がそれを証明するしかないんですよ。真理かどうかというのは。

極端な話、仏法は真理かどうか、私の一生を材料にしてそれを証明してみようと。で、もし真理ではなかったら、それはそれで一つの意味がありますよね。そういうことを証明できたのだから。だから、それでもいいんですよ。真理だったら素晴らしい。真理ではなくてもそれなりの意味があるわけですよね。だから、そういうふうに自分で証明しようと決断するかどうかということが一番大事なのではないかと思います。

◆教えは法門・世間から法界への入口

もう一つ、「法門」という言葉があります。法の門。門ということは入り口ですよね。この言葉も考えてみると結構面白くて、一応仏教には八万四千の法門があると言われてます。一つではないんですよね。何を基準に八万四千と言ってるのか、数え方は知りませんけど、多分、そのくらいたくさんの煩悩があるからという意味なんでしょう。無数の、ということなんでしょうか。四弘誓願文《しぐせいがんもん》にも「法門無量誓願学」という一文がありますね。

それで、法門というのは、僕の住んでいるところも山門がありますが、あれは外と内を仕切っていますよね。この法門のイメージは、何を境界づけているかというと、世界なんです。世界というのはもともとは仏教用語なんですよ。僕らはワールドの訳で世界と言っているけど、実はこれは仏教用語で、界というのはダートゥという領域のことなんですね。だから、世界というのはローカ・ダートゥ（loka-dhatu）という言葉の漢訳語で、いわゆる世間、一般の僕らの世界のことです。世俗とも訳されている。それで、門の反対側に法界《ほっかい》というものがあるんですよ。ダルマ・ダートゥ（dharma-dhatu）という言葉の訳です。それで、世界から法界に入るところが法門になっていて、それが八万四千、たくさん、たくさんあるということですよね。

教えというのは法門であって、では入ったあとはどうするのかということになりますよね。入ったら、自由に生きていいわけですよ。仏典にいかだの例えというのがあります。お釈迦さまは、私の説く教えはいかだのようなもので、それを使って川を渡ったらもう担いで行かなくてもいい。あとはあなたらしく生き生きと暮らしてくれよと言っていると思います。

◆教えのネガティブ面とポジティブ面のバランスが大事

仏教は今までは世界各地で住み分けのようにして、交通とかコミュニケーションの限界ということもあって、あまり相互交渉なしにそれぞれに発達してきました。その意味でそれぞれにローカルな形で発達してきましたけど、今はそれこそ入試中に外から携帯でカンニングすることもできるような世界になってきてるわけです。仏教もそれぞれの伝統を、一望のもとに、全部見わたすことができるわけですね。先ほども、滓とか上澄みとかと変な言い方をしましたが、仏教のなかにも玉石が混淆《こんこう》している、そういうことも見えるようになってきたんです。

僕らは現代に生きる仏教者の責任として、歴史的経緯の違いでさまざまな在り方をして今に至っている仏教、これをどういうふうに整理するのか、ということがあると思います。中国でもそういう時期があって、教相判釈《きょうそうはんじゃく》ということが行われたことがありましたけど、僕らもそれをこの辺で、やらなければいけないのではないかと思うんですよ。現代の教相判釈ってやつをね。

それで、僕は自分なりに、仏教らしさを表す十ぐらいの仏教キーワードを選んでみたんですけど、そのリストを眺めていると二つに分けられるんです。最初の五つぐらいは否定的な言葉なんですね。無我とか無常とか苦とか。何かそういう、いわゆるネガティブなもの。あとの五つはポジティブなコンセプトなんです。

そういえばそうだなと思ったんですけど、仏教の法門にも二つある。一つはぶち壊す門で掃《そう》蕩《とう》門というんですが、もう一つ、建立《こんりゅう》門というものがあるんですよ。

仏教も、ともすると、掃蕩門の方を主に打ち出して話す人と、建立門を主に打ち出して話す人があって、あたかも二つの種類の仏教があるように見えるけど、実はメッセージとしては両方とも表裏一体のものとしてあるんです。

日米の仏教を比べてみると、日本は掃蕩門的な仏教が優勢というイメージが強い。アメリカは逆に掃蕩門は目立たないで、建立門的な言説が多いんですよ。何かハッピーな感じがするんですね。けれど、待ってくれよと。掃蕩門を経ないでハッピー、ハッピーというのは、これは地に足がついていない。今の自分が聞いて心地よい話、要するに自分が聞きたい話を聞いて悦に入っているだけなんです。逆に日本の方は暗すぎて、生きる意欲が涌いてこない、生きがいがしおれてしまう、なんていうことが言えるかもしれませんね。だからこれ、両方ともがそろってワンセットで、そういうパッケージとして僕らは理解しないといけないということだと思います。

だから、唯識三年倶舎八年、仏教学者みたいに百科事典のような知識をもたなければ仏教は分からないということも極端だし、それから、何も習わなくて坐禅一つでいいというのもちょっと極端で、僕はやっぱり健全な意味の基礎的仏教知識として、掃蕩門のセットと建立門のセットという形で、そういう健全な、偏りのない仏教の理解というのが必要だと思うんです。道を歩き続けていくための道具立てとしてね。自分がつけ上がりそうになると掃蕩門を使って、自分が落ち込みそうになると建立門を使う、みたいな。

アメとムチではないけど、両方持っている方が道を踏み誤らずに、偏らずに歩けるのではないかと思っています。掃蕩門と建立門のバランス、配合の具合で各宗派をみると、たとえば禅などはどうなんですかね。一般的なイメージだと禅は壊し屋の方かな。僕は浄土真宗の方が壊し屋のような気がしますけどね。

鎌田　鎌倉時代の仏教はみんな壊し屋ですね。どっか、選択と集中、専修的な一乗思想だと思います。

藤田　そうですね。一乗仏教はそうかなというような気がします。僕もそれほど体系的には仏教を勉強していないのですが、それでも南伝仏教もちょっと英語では勉強したし、学んでいくとそういうメッセージの二方向というか、二種類のメッセージがあって、それはどちらもつけ上がるなよ、落ち込むなよというようなこと、両方必要だからあるのだと思うので、僕らとしては両方持っていた方がいいのではないかなと思います。

鎌田　ありがとうございました。

今、お話を伺いながら、やっぱり、現代の教相判釈が必要だということを感じました。そういう時代意識とか、時代の流れや要請があると思うんです。

教相判釈というと、どの宗教や宗派がいいとか悪いとか、仕分けするみたいに聞こえるかもしれませんが、自分にとって何が本当に大事なものなのかを、はっきりとさせて、それぞれがそれを自分自身の実存としてつかみ取るということです。それを自覚するためには、自分はこれだと思える教相判釈に向き合うことが、プロセスとして必要ではないか。そこで、改めて仏・法・僧が問われなければならない。そういうわけで、このように、仏とは何か、法とは何か、僧とは何かという、愚直な問いを三回に分けてやっているんですね。

今、藤田さんのお話のなかで、ジョークが面白いかどうかは、笑ったかどうかで、もうそこにそれ自体が証明されているという一節がありましたが、確かにそうなんですけれども、一方で笑いの質というものがやっぱりある。笑ってしまうけれど、その笑い方にはグラデーションがありますよね。ちょっと嘲笑っぽい笑いとか、本当に腹の底から笑っているか、何かこう訳が分からない笑い方から、ちょっと皮肉な笑い方から、いろいろあって、そういう笑いが持っているそれ自体の質というもの、クオリアをどう見るのかということが、それぞれの主体的体験のなかで問われていくだろう。

だから、悟りの質もあるということではないでしょうか。そのクオリアが仏法においてはいったい何なのか。その主体の問題が三人三様に語られたと思うんですね。

特に、西川さんの主体の立て方というのは、シュタイナーの「人智学」もそうですが、「イッヒ（Ich＝私）」をどう考えるかというのが根本の問いなんですね。「自我」というものをどうとらえるか、それは人間、私をどうとらえるのかという本質の問いになります。アントロポゾフィー、人智学という認識の立場から主体の在り方を徹底して考え抜く。そして、近代という時代のなかで、シュタイナーが言う意識魂という時代のなかにおけるその意識の在り方のなかで、私というものをどうつかみとるのか。そういう時代のなかでキリスト存在というのはいったい何なのか、という問いになります。今まで信仰的にビリーフやフェイスとしてとらえられてきたキリストではなく、キリスト存在が自分のなかにどういうふうに内在的に立ち上がり、それと向き合うことができるのか、という意識魂のとらえ方がシュタイナーのなかにあって、私にとってキリストとは何かという問いかけを深めていったと思うんですね。

そういうシュタイナーの問いというのは、今、藤田さんが言われた、教えをティーチ、ティーチャーの問題として問うのではなくて、そのフォロアー、そのあとを追いかけていく者が何をつかみ取るのか、何を聞き取るのかという聞き方やつかみ方、アプローチの仕方としての問題になる。そして、禅は禅の聞き方をやっぱり徹底していると思わざるを得ない。禅というのは聞き方の組み替えみたいだと思うんですね。今まであった法門、八万四千の法門のなかで何を真実として主体的に直接していくことができるのかというその回路を、その時代の、末法という時代のなかで組み替えて、これだ、という道を、禅のなかで、禅の開祖や祖師たちは示していったと思います。

そこで、結論的なところで、どっちか、あれかこれかというキルケゴール的な二者択一論ではなく、あれもこれもというとあまりにも世俗的な言い方になりますが、こちらに偏りすぎても問題のつかみ方が壊れてしまう。そちらの方に行き過ぎても、心はやっぱりいびつになりすぎる。ちょうど井上ウィマラさんのお話の最後のところですね。どうやってその中道に立って、自分の今までのゆがみというのか、偏りやとらわれからフレキシブルに軌道修正をしていくことができるのだろうか。そういうことがここで問われてきて、最初の問題提起につながっていったと思います。

そこに立ち現れてくる真理――対話

◆聖なる真理は実体験で確認するもの

鎌田　ここまで、お三方にそれぞれお話し頂き、それぞれに問題点がクリアになったと思います。それを受けて、そのレスポンスや自分が言い足りなかったところとか、この辺がキーワード、キーポイント、問題になるのではないかという論点を浮かび上がらせ、意識しながら、相互に議論し、そのなかで皆さんから頂いた質問もはさみながら進めていきたいと思います。それでは早速井上さんからお願いします。

井上　先生方のお話を聞いてなるほどと思って、いろいろなことが浮かびました。本当は時間があれば丁寧に、無我とは何か、空とは何か、真実とは何か、というふうに集中してやっていけば、すごく実り多いなと思いました。具体的にお話を伺いながら補足していくことができればいいのですが、今思うことを、時間が許す範囲で話してみたいと思います。

私は最初に四聖諦の説明話をさせて頂きましたが、これは真理ということで取り上げたけれども、聖なる真理（アリヤ・サッチャ）、あるいは聖者の真理でもあります。そのアリヤ、聖なるものとは何かということを説明しませんでした。

先ほどの藤田先生のお話のなかで、法や教えを自分のものとして受け取るのか、情報として受け取るのか、というようなお話がありましたけれども、「聖なる」とは、やはりそのことではないかと思ったのです。この真理は、心の訓練のための情報としても受け取ることができるけれども、それを自分自身の実存的な苦しみを乗り越えるために使いたいという思いが切実にもてるかどうか。また、それを実際に体験してしまうかどうかで、それが聖なるものになるかどうかということが問われているのかもしれません。そんな気がいたしました。

そうした意味での聖なる真理の一つとして、涅槃を実体験する滅諦があると思うんですけれども、涅槃を体験するということは、日常的な意識のレベルで「分かっちゃいるけどやめられない」というふうな状況から、分かっちゃったらもうできなくなってしまった、というふうな変化なのです。お酒を飲むのはよくないと分かっているけれど、毎晩、毎晩やめられないという状態から、お酒をよくよく舌の上で感じてみたら結構ピリピリするし、飲んだらあとちょっとだるさが出るし、今日はやりたいことがあるからやめておこう、そんな感じの変化が起こってきて、知らないうちにやめてしまった、みたいな変化です。そんなクオリティーの変化が起こってくることを正確に確認して見つめていくことが、涅槃を実体験して確認する第三の聖なる真理、滅諦ではないかと思います。自分ごととして苦しみの消滅した静かな安らかさを確認すること。そんなつながりがあるのではないかなという気がいたします。

西川先生から「生まれることは苦か」というお話がありましたけれども、私は仏教の文献を研究したり瞑想を実践したりする傍らで、大学でスピリチュアルケアを教えています。そのスピリチュアルなケアの現場に身を置きますと、成人の死の看取りだけではなくて、誕生にまつわる死にも出くわします。昔は子どもは授かるものでしたが、今は作ったり選択したりする時代になりました。人工授精で生まれてくる子どもが一〇人に一人ぐらいいるそうです。そのなかで、せっかく人工授精で授かったのに、出生前診断をしたら障害のあることが分かったので、中絶するのかどうか悩まなければならないことになるケースがあります。中絶した場合には、どうやってその心の痛みを和らげていくか、ケアが必要になります。

なかには障害があると分かっても産む選択をする人がいます。たとえば、無頭児といって、エコーで見ると頭の部分が欠けていて、生まれてきてもしばらくしか生きていられないということが分かっても、産みたいお母さんがいるわけです。でも、今ほとんどの産婦人科医ではそれを受けてくれません。インフォームド・コンセントなんて名ばかりですよ。ところが、それを受けてくれるお医者さんがたまにいます。そのお一人が岡崎の吉村正先生です。そのお母さんは吉村医院でその子を産んで、頭の先が欠けているんだけれども、その子を産んで、兄弟姉妹は、「ああ、生まれてきてよかった。赤ちゃんかわいい、かわいい」と言って喜んで迎えて、数時間の命を共にしました。そうやって出てきてくれた、生まれてきてくれたことを本当に喜べるようになるのです。

それでも、やっぱり出産の陣痛って痛いですよ。赤ちゃんだって、狭い産道を通って出てくるときに、ちょっと角度があるところで旋回するときに仮死状態のような状況を潜り抜けて出てきます。産道通過の体験のなかにすでに死と再生が組み込まれているらしいのです。出産の陣痛というのは、うまく波乗りをしていけば聖なるエクスタシーになることもあるらしいのですが、今の一般の女性にとっては、とても不安を伴う痛みですし、胎児はどういうふうに記憶しているのか分かりませんが、そこに少なからず痛みがあるらしいということは察しがつきます。それでも、自然な出産後の母子の様子は感動的です。

そうしたことも含めて、その現場に立って痛みなり、喜びなりを丁寧に体験していくことが大切なのではないかと思います。

無痛分娩というのがありますね。硬膜外麻酔をして陣痛なしで子どもを産むということです。西洋では結構選択されているようです。でも、ヒツジさんでこれをやると、無痛分娩したヒツジは子どもを育てなくなるそうです。つまり、陣痛の痛みがあって初めて出てきた子どもを自分の子どもだと認識して、それを育てようという母性本能がスイッチオンになるらしいのです。だから、DNA的にコードされているからといって、エピジェネティクスというのでしょうか、遺伝子の周辺の領域でスイッチオンにする環境がないと、本能的なものが入ってこないということがあります。

出産は確かに痛みを伴うけれども、その痛みがスイッチとなって、赤ちゃんを育てようという気持ちにつながる。そういう不思議な絡まり合いを、私たちの命は最初から持っているのです。

たとえば赤ちゃんの自我の芽生えに関しても、最初の数カ月は母子一体な状態です。一歳前後から言葉をしゃべり始め、子どもの自我が芽生え始めたことは「ヤダヤダ」によって表現されてきます。魔の二歳児というのはその典型です。親の言うことを聞かなくなります。親にとっては、これはすごい挑戦ですね。あんなに可愛く思っていたのに、自分が否定されたような気がしてしまいます。子どものヤダを自分が否定されたと思うのではなくて、「ああ、うちの子もやっと自我が芽生えてきて自分のやりたいことを表現できるようになったんだなぁ」と思えるかどうか、親として試されるわけです。

その時期に大きな一つの性格パターンが形成されていくのですけれども、イギリスの小児科医で精神分析家でもあったドナルド・ウィニコットという人は、このときのことを「母親は、最初に子どもを愛さなければいけない。そして、時が来たら子どもを憎まなければいけない。子どもが健康的に親から自立していくためには、母親から愛されるだけではなくて、憎まれることが必要だ。親が子どもを愛する能力と憎む能力をちゃんと持っていないと、子どもは家から出て行けない」と言っています。

これは多分、その後で自我がしっかりと形成されたときのエロスとタナトス、欲望と攻撃性という二つの衝動、相反するアンビバレントな衝動を持ち合わせるということとつながっていくものなのだと思います。

「生まれるのは本当に苦しみか」という問いは大切な問いです。だからこそ、その現場にしっかりと根を下ろして見据えて、考えていかなければいけないなという気がいたしました。

次に無我の問題です。現代社会という文脈で無我を考えるとどう理解したらよいのかというテーマです。我があるか、ないかとか、私があるかどうか、レベルの問題ではなくて、ブッダは、自我、エゴ、セルフなど全部ひっくるめて、人生は「私」という観念で思い通りにコントロールすることはできないということを「無我（アナッター）」という教えに託したのです。そうしたニュアンスを、ちゃんと言語的に翻訳し切れていないという問題があると思います。

人生が思い通りにならないときの痛みというのは、ナルシシズムの中核からの残響のようなものです。

私たちが成長して、健康な心を持って安心して生きてゆくためには、赤ちゃんのときに何でも自分の思い通りになるという万能幻想がある程度満たされる必要があります。泣いて表現すれば、ちゃんと世話してもらえるという安心感や信頼感です。私たちが地上のこの身体に住み込んでゆく最初のプロセスでは、「何でも思い通りになる」という錯覚による安心感が必要なのです。発達心理学者エリク・エリクソンの言う安心や信頼です。

その次に、その安心と信頼のよりどころとなっている錯覚から次第に脱却して、今度は少しずつ現実受容が始まっていく、思い通りにならない不満に耐えられるようになっていく、そういうプロセスを経て自我は成長していきます。母親の憎しみもそこで役立つのです。

このような自我の確立ということに関しては、機会があれば続きを話したいと思います。

鎌田　次に、西川さん、どうぞ。

◆まず自我を自覚することから

西川　自我の問題に関しては、井上さんからもっと面白い話を聞いているんですよ。今の若い人たちは昔に比べて自我が不確立というか、何かあやふやだというお話なんですね。そうなってくると、修行して自我を消すことよりも、いったん作ってあげないといけない。消す前の段階にいる、というお話でした。

鈴木大拙も、アメリカで禅の話をしたときに、無我よりも、十牛図における自己探求を話したそうです。

僕自身がとても不思議だったのは、あるスイス人の女の子で、二〇歳前後だったと思うんですけれど、何年か前からチベット密教に凝っているという人と会ったんです。その子が最初に「私というものはないんだ」と言うんですね。その話し方がいかにもあやふやというか、大丈夫かなとこちらが心配になるような感じでしゃべるんです。西洋文化はずっと自我を作っていく文化だったから、いきなり違う方向になってしまうと、何か危うい気がしました。東洋や日本は無の文化が結構長いから、「無我になっても大丈夫な自分」がいる気がするんですよね（笑）。

SF作家アーサー・クラークの『幼年期の終わり』で、人格・個性がなくなった子どもたちがオーバーマインドに吸収されていく場面、やはりSF作家である伊藤計劃《けいかく》の『ハーモニー』で、私という意識を消滅させるボタンを押す場面は、なんとも奇妙な気持ちになります。

ところで、いくつか前半で話があったんですけれど、一つは仏教は難しいということです。これは確かにそうだろう、と思います。勉強的にやって分かりきるものではなくて、半ば瞑想的な思考によって把握するような、非常に微妙な理論を展開している。この世は悪神が作ったものとするグノーシスも非常に精妙な宗教哲学で、信奉者には上流階級が多かったはずです。生活に余裕のある方々のほうが、苦とか悪とかに哲学的な思いを巡らすことがある。まだまだ世界は救われていないし、自分にもいろいろと高級な悩みがあるということでしょうか。

もう一度自我に戻ると、井上さんが作ってくださった十二支縁起のまとめを拝見すると、誕生のところに「自我意識の芽生え」とありますね。自我意識がなかったら苦もない。これはよく分かる。悩む自分という主体がなければ、苦という感じもしない。考え悩む自分があって、苦が生じてくる。しかし、悩む自分があるからこそ、それを乗り越えて涅槃に向かおうという気持ちが起こる。

藤田さんから主体的真理ということもお聞きしたのですが、主体的真理であって主観的とは違いますよね。万人に了解できる真理を自分がしっかりつかんだ、それが主体的ですね。法門は八万四千あると言いますけれど、そのどれが一番自分にぴったりくるか。僕にとっては密教が一番合っていた。でもあこがれるのは禅宗なんです。何か格好いいんですね、禅宗って（笑）。でも何年か前、円覚寺で坊さんたちがご飯を食べ終わったときの様子を見ていて、もう一度お寺に入るならやっぱり真言宗だなと思いました。

釈迦が悟った夜のことが仏典に書かれています。釈迦は、輪廻の経過をくっきり見極めていって、それから縁起、十二因縁を認識していった。解脱は輪廻からの解放ですね。今の学問的・知的な仏教者の場合、輪廻とかそういうことを前近代的な迷信みたいに思っている方もいらっしゃるかもしれません。でも、当時のインドでは、それはみんなの実感であって、輪廻から脱しようと思って苦闘していた。そうなると、前世の業があって生まれる誕生、これは苦ですね。業ゆえに生まれてきた。でも、やっぱり生まれて修行したり、善行を積まないと、前世の業は消えていかないでしょう。人間に生まれてこそ悟れる、といいますね。だから、人生は苦であっても、悟りの機会ととらえれば、誕生はありがたいこととも言える。

東西の古今のいろんな密儀・秘儀的宗教に修行の段階がいろいろなふうに言われています。最初は、自分の心の浄化、カタルシスの段階。瞑想の対象に集中しているあいだは、雑念や煩悩がない状態ですから、それは浄化の行為になっている。その次にイルミネーション（illumination）、またはエンライトンメント（enlightenment）という英語ですけれど、どう訳せばぴったりでしょう。霊光のように悟りがやってくるというか。何かが分かった瞬間、認識が広まった感じがする。最後が神秘的合一、ユニオ・ミスティカ。自分と神、自分と宇宙が一体になる。あるいは、一体であることに気づく。梵我一如でしょうか。

日本では、普段の生活そのものが修行であるというのが好まれます。芸事や武術はもちろん、仕事や家事が悟りへの道となる。これは宗教的修道を特別視して日常の些事・雑事を修行と見ない西洋より優れた思想だと思います。ある合宿で中野東禅さんと相部屋になり、学ばせて頂きました。

鎌田　ありがとうございました。では、次に、藤田さん。

◆法とはすべてのもとになる本来の姿

藤田　法というのが今日のテーマですけど、法というのは、本来あるべき姿のことだと思います。

ダルマというのは、この宇宙を統べている、統括している、あるいは動かしている規則、あるいは導いている法則という意味でダルマなんだと思います。ですから、これは我々の信仰のあるなしとか、修行するしないにかかわらず、悟るのも法において悟るのだし、迷うのも法において迷っているわけですよ。だから、法から漏れているものは何もない、ということになります。迷うのもちゃんと法則に従って迷っているわけで、だから、法則に従って迷っている迷い方を法則に従って変えれば悟れるということになります。だから、法は一番ベースにあるわけです。

これは、我々が修行したからある、とか、信仰したからある、というものではない、というふうに想定されているわけですね。だから、法というのは、本来そうあるべき姿、あるいは今あるのがなんであろうと法の現れだということですね。

そこから話を進めると、一つのポイントは、だけど、実際はそうなっていない。というのは、我々はあたかもその法が教えているのとは違うような仕組みで生きているかのような、そういう法にのっとっていないようなパフォーマンスをしてしまっている、というふうに見るわけです。だから、先ほども最初に押さえたように、法にのっとらずには何ごとも起こらないし、何ごともできない。

ただ、人間の場合は、ある人の行いを外から見てみると、どうも法とは違う理解で動いているように見えるわけです。見ていると、法の誤解に基づいて自分の身体や心を動かしてしまっているので、先ほど言った、現実からのしっぺ返しを受けている。あっちに頭をぶつけ、こっちで手をやけどし、あそこの穴に落ち、というようなことになっているわけです。

ですから、法というのは、一つの面は修行とはまったく無関係。修行とか信仰とか、我々人間の行いをまったく必要としない。それ自体で勝手に働いて貫徹している。人間の行いもすべてそれに基づいて行われているぐらい根本的なもので、これはもう絶対的なものなわけです。

もう一つの面は、人間の場合は、本来あるべき姿ではなくて、非本来的に生きているのではないかという反省に基づいて、先ほど言った頭を打ったり、手を焼いたり、足をどぶに突っ込んだり、そういう現実からのしっぺ返しで、これは本来的な生き方をしていないのではないかという、どこか間違えているのではないか、そういう自己反省をする人が出てくるんですね。過去にもそういう人がたくさんいて、そのなかから本来性に戻った生き方をした人がいる。これがブッダだと思います。また、禅の世界で仏祖、祖師方と言われている人たちですね。

そういう人たちの残したもの、あるいは、現存している仏祖に教えられて、どうも自分は非本来的な生き方をしている、というふうに問題意識を持つわけですね。そこから始まって、では法に従って生きるとはどういうことかという問題意識で回りを見渡してみると、本来の法というのは形のないもので、言葉とかで表現しきれないものなんですけど、慈悲心から、その輪郭を我々のために描いてくれた人たちがいるわけです。ブッダをはじめとして、それに目覚めた人、覚者たちが、こういう法でこの宇宙、自然というのは動いていて、この法に逆らった場合は、法に従ってこういう結末になるよ、というふうに説明してくれてるわけですよ。彼らはそれを活かして覚者になったわけです。

それで、ウィマラさんが紹介したような、いわゆる教義として我々に与えられているのは、無相無形、形もないし姿もこれこれというふうに言えないような、だけど、実際に生き生きと働いている、厳然としてある生きたダルマを言語表現にもたらしたものが、いわゆる教法というやつです。法の教えとしてあるわけですね。教法を学ぶことによって、生きたダルマにうまくチューニングしていくようなことをするわけです。そのためのいろんな行法もありますからね。坐禅とか、念仏とか、いわゆる南無するというのは法にチューニングする、波長を合わせることだというふうに理解すればいいと思います。

そうすると、我々がそれをまったく誤解していたり、すっかり忘れたりしていても、その教法に従って理解を深め、あるいはチューニングの仕方を学ぶことで戻っていけるわけなんですよ。法は今、現に働いているわけですからね。それで本来あるべき姿に、自分がそれらしいものをでっち上げるのではなくて、あるがままにある、と言ったらいいですか、何も変化していないわけですけど、自分がそうではないと思っていた誤解が消えるだけの話なんですね。だから、夢から覚めるというような言い方をするしかないわけです。

そのいい例があります。僕は長いこと寮生活をしていたんですけど、あるとき大事な万年筆がなくなってしまったんです。いろいろ探したけど、どうしても見つからない。僕はもしかしたら同室の者が盗ったたか、隠したんじゃないかと疑い始めました。その万年筆に対する執着心がそういう疑惑を持たせたんでしょうね。でも面と向かって問いただすこともできないわけですよ。気まずくなりますからね。そんな状態だと、どうしても普段の言動までギクシャクしてくるし、コミュニケーションが不自然になります。当然彼の方も何かを感じて態度が硬化してきますよね。これは困ったなあと思いだした頃、念のためもう一度部屋を探したら、なんと机の向こう側の見えにくいところに万年筆が落ちていたんですね。

この経験は僕にけっこう大きな教訓を与えてくれました。まったく根拠のない、それどころかまったく間違っていた、自分の疑惑のせいでお互いが嫌な思いをしたあの二週間はなんだったんだろう。万年筆を見つけた瞬間、ああ馬鹿だったなあとつくづく思いました。もちろん彼に向けていた疑惑は雲散霧消です。

無明＝「本当は万年筆は机の下に落ちているのにそれを知らないこと」が、煩悩＝「あいつが盗ったんじゃないかと疑うこと」を生み、私の行動に影響を与え＝「よそよそしい態度をとる、イライラしている、顔を合わさない……」、苦しみ＝「お互いが気まずくなり不快な生活を余儀なくされる、食欲がなくなり夜眠れなくなる」を作り出したわけです。しかし真実＝「机の下にずっとあった万年筆」を見出したことでただちにそういう惑→業→苦の流れは断ち切られて、再び仲良く一緒に暮らせるようになりました。そこで起こったことのポイントは、わたしの疑い＝「つまり、惑」が誤解だったと分かったということです。「てっきり盗られたと思っていたのに、なんだ最初からそこにあったんだ！」って。

仏教にはこういうことが起きる道筋を示してくれるいろいろなプログラムがあるわけなんですけど、人の機根に応じていろいろなプログラム、あるいは実践コースが説かれているわけなんです。仏教があまりにも長い時間と広い空間に広がっていって複雑なものになってしまったので、今もう一回、原点に返っていくという作業、先ほど僕が言った、もう少し全体を見わたしたうえで、もう一回うまくまとめるというか、整理し直すということと、そのなかから自分にとって大切なものを選び取る。鎌倉時代の祖師たちは選択《せんじゃく》ということを大胆にやったわけですね。すごく膨大な教義と修行のなかからこれだ！　という形で選択していったわけですが、自分にとってのダルマというのはこれだ、という選び取るという主体的な決断も必要になってくるわけなんです。

僕の場合は、自己に目覚めるというのが一つの縦糸になるのではないかと思っているんです。やっぱり、仏教の一番の特徴は、今、ここの自分から出発していることだと思うんです。それで、そこから離れないで、そこから話が始まっているというところは、非常に特徴的だし、普遍的な足がかりになるのではないかなと思っています。

結論からいうと、我々は間違った自己のつかみ方をしてるんです。僕らは、正しいものが分からなかったら、必然的に間違ったものをでっち上げてしまう。人間というのは自己なしには生きられないから。ですから、ある、ないというよりは、どういう間違いを犯しているのか。そういうことを一つひとつ吟味していって、それを手放して、正しいものに近づいていくんです。分かるときは多分、さっと分かるんだと思うんですけど。それを本来の自己と言いますが、本来の自己に目覚めるということです。

僕は禅の影響を受けてきているので、そういう言い方になってしまうのですけど、釈尊も「調えられし自己」とか、「自己を灯明とせよ」とか言ってますので、これを一つのキーコンセプトにしてまとめていく、整理し直すということができるのではないかなと思っています。

最後にもう一つ、輪廻転生から解脱するということですが、それは輪廻転生という考えにとらわれることからの解脱ということですね。輪廻転生そのものを認めて、それから解脱するのではなくて、輪廻転生という考え方にもとらわれなくなる、輪廻転生という考え方から自由になるというふうに理解してはどうでしょうか。輪廻転生というのは、変わらない自分があって、それが死を契機に肉体を脱ぎ捨てて、別な生命体の中にその「変わらない私」が入っていくということ。文字どおりの意味でたいていの人が考えるような、そういう輪廻転生の考え方は、変わらない自分があるということを前提にして出てくる考え方ですね。仏教では、そういう自我の在り方は虚妄であるというのが釈尊の教えですから、輪廻転生するという考え方は、間違った前提に基づいているのだということが、深いところから得心できれば、もうそういうことは心配しないで、今、ここで厳然としてユニークな形で展開している、今ここの自己に集中できるというか。きょろきょろよそ見しないでやっていけるのではないか。そういう解脱の仕方というのも、輪廻転生からの解脱というふうにとらえられるのではないかなと。これは一つの可能性ですけどね。

◆認識と臨床のはざま

鎌田　今、三人からお話し頂きましたが、ここでいくつかコメント的にまとめておきたいと思います。

まず、西川さんの話のなかで、井上さんから聞いた面白い話という一節がありました。この話を補完しておきましょう。

私が務めている京都大学こころの未来研究センターの隣の研究室に河合俊雄さんというユング派の臨床心理学者がいます。河合さんは、臨床心理学の臨床をやっているのですが、悩みを持って相談に来る若者たちの状態が最近顕著に変わってきているというわけですね。それは、近代の日本には対人恐怖というのが非常に多かったのですが、九〇年代以降、対人恐怖がほとんどなくなってしまったというのです。対人恐怖というのは、自意識があって、他者と対面するなかで自分の位置づけや関係性に対して居心地の悪さを感じる症状です。ところが、最近はそういう対人恐怖ではなくて、感情もない、コミュニケーションもうまく成立しないような、つまり主体がないと彼らは言っているんですけれども、発達障害という範疇に入るような症例が多くなっているというのです。

近代の心理学は、内面とか主体がある、という前提で心理療法を成り立たせてきた。ユングもフロイトもそうですね。そういう内面主体、向き合う主体というものがなくなったら、どういう手がかりで臨床をしていったらいいのか、対応の仕方が分からなくなった、という悩みを抱えているというのです。だから、まず、自分自身の主体に入っていくプロセスが必要になっているのではないかというわけです。

では、なぜ主体のなさが、子どもや若者のなかに生じてきているのかというと、そこに現代の病理というか社会状況があるわけですね。この主体の問題というのは、現代の我々のなかでも、家族や次世代ということを考えても、なかなか複雑で重要な問題になってきていると思います。そこをどう考えるか。そして、それに対してはどういう臨床的な対し方があるかが大きい問題になっているということです。

次に、浄土という観念は、実在か空か、という問題ですが、親鸞は『教行信証《きょうぎょうしんしょう》』でははっきり空だと言っていると思います。けれども、その前の、『源氏物語』のモデルにもなったという恵心《えしん》僧都《そうず》源信《げんしん》の『往生要集《おうじょうようしゅう》』などでは実在的に描いているし、実在と思うが故に、宇治の平等院鳳凰堂などもできてくるわけですけれど、しかし、仏教の根本思想からいうと、それが空だというのは『教行信証』のみならず、本来の仏教哲理の立場だと思うんですね。

しかし、民衆に説くときに、「南無阿弥陀仏」という称名念仏を説くときには阿弥陀さんが来《らい》迎《ごう》してくれるとか、ありがたい阿弥陀如来さんに迎えられ導かれて浄土に行けるというリアリティをもって届けられなければ、そのときに苦しんでいる末法・末世の人の心の中に入っていくことはできないでしょう。かりにそれを方便だと思う人がいたとしても、そう言わざるを得ない現実もあったのではないか。だけど、それを実在として見るということについて、親鸞は理論上、一つ区切りを置いていると思います。

だからこの問題は、臨床的に対処するというアプローチと、仏教理論というか、仏教哲学の、哲理の側からものをどうとらえるかという認識の問題としてみるのと、二つのアプローチがあると思うんですね。認識と臨床というのは、イコールであることも、イコールでないこともあり得る。つまり、方便というのは、本覚とは別の形であり得るということだと思います。

そして、仏教の悟りは、浄化とかエンライトンメント（enlightenment）とか、神秘的合一に至る段階があるのではないかと言われていましたが、これはシュタイナーのイニシエーション、秘儀伝授という考え方にも共通していると思いますし、いわゆる古代からずっと続いてきている密教というものが、イニシエーションに支えられてあるわけで、これは基本原則ですね。

その基本原則というのは、清まった段階から、免許皆伝のような奥義まで極めていくという段階で、だいたい最終段階が神秘的合一段階、神と一体になるとか、大日如来や不動明王と一体になるという、入我我入、感応道交、三密加持などのイニシエーション的な密議の伝統としてある。その最初の段階、浄化の段階は小密議だというわけです。そのような小密議は、さまざまな典礼、儀式、いわゆるお祭りなどによっても成し遂げられる。

一方、大密議は、その人の内面というのか、その人自身の中で起こることであって、外在的に外から儀式のような形で作り出すことはできない。だから、儀式というのは象徴的に、一種の演劇的なパフォーマンスとして行うわけですが、本当に実現するのは、その人の心というのか、霊性というのか、そういうものの中で大きい変化が起こってきて、宇宙やその存在そのものと相まみえる。それが、たとえば空海の言う三密加持でもある。

では、仏教はその考え方に立脚するのかといったら、そうでもない。仏教は複雑多様に展開してきて、そういう考え方そのものが一つの固着であって、それをもう一回放さなければいけない、放擲しなければいけないという立場も根強くある。つまり、秘儀的な、密儀的な伝統を、一回切らなければいけないという立場ですね。とらわれていると秘儀でも何でも自己増殖的な幻想世界のなかに入り込んでいく。そうすると、何が本当か、何が何だか分からなくなる。輪廻転生のことも含めて、どこからが正しくて、どこからが間違いなのかみたいなことは不問のまま、虚妄の世界にどんどん入り込んでいくようなことがあるわけですよ。だから、そういう負のイメージ連鎖のなかに巻き込まれたときに、どうやってリセットできるのか、といったときに、お釈迦さんの最初の教え、それは法に基づいているわけですが、そこに立ち返ったときに、一回リセットできる。そこに解毒できる力とポジションがあって、私はそういう意味において、仏教は真理だと思っているわけです。

それは何教であっても、どんな宗教、宗派であっても、切り替えられる、その切り替えの力を、仏教はどこに対しても持っていると思うわけです。そこで、そのとき以来私は、「仏教は世界宗教史の審神者である」という言い方をしています。

ところが、問題の一つは歴史ですね。私たちは、当然ですが、二五〇〇年前の時代と環境とはまったく異なった状況に置かれています。これほど地球環境が破滅的になっているという事態は、お釈迦さまが登場した二五〇〇年前にはなかったわけですね。そして、世界中がネットワークされ、通信や交通で自在に行き来できるようなことも、もちろんなかったわけです。そういう大きく社会とか文明が変化している時代のなかで、仏教はどう生かされるのか。もちろん変化していく社会のなかでどう生かされるのかという問題は、ずっとそれぞれの時代にあったと思うんです。

私の切り取り方からすると、お釈迦さんの最初の出発点は、単独者仏教だったと思うんですね。単独者、つまり、出家者の仏教だった。ところが、仏教が広がっていく段階のなかで、ある段階で国家仏教になっていった。インドにおいても、中国においても、日本においても。でも、国家仏教というのは、論理的にもおかしい。仏教は国家を救うわけではない。基本的に、人を、衆生を救うわけなので。

だから、国家仏教というのは、一種の寄生先みたいなもので、本来の仏教の有り様ではない。だとするならば、それは仏教が定着して広がっていくプロセスとしては必要だけれども、本来の状態に戻らなければいけない、というのが、日本では鎌倉時代に起こったことだし、インドでは大乗仏教として起こった流れではないかと思うんですね。

それは、一人ひとりのなかにどう入っていくのかという、仏教が一人ひとりの生きる力になり得るのかという問いを、鎌倉時代であるとか、大乗仏教の人たちは問いかけていったのではないか。つまり、他者と仏法・仏道が、どう対面していくのか、という問題になります。

そして今、近代以降、あるいは現代に、世界中が「宇宙船地球号」と言われるように世界同時的になってしまったこの時代において、はっきり言って西洋とか東洋とか言っている場合ではないと思うわけです。それぞれが意識を世界共通的に持ち得たりする、あるいはそういう媒体になるものを共有する時代のなかで、では仏教というのは何なのかが問題となる。つまり、この時代の、シュタイナーの用語を使っていえば意識魂時代の仏教というのはいったい何なのか、ということですね。

一つは、もう一回単独者に戻ると思います。一人ひとりの、単独の個のなかで仏教はどうあるか。同時に、もうここまで負の遺産を人類史が抱えてきた、その総決算みたいなものを、我々は宿命的に文明の遺産として背負い込んでいるので、こういう大きいシステムを含めた遺産を、仏教を一つの手がかりや力として、どう乗り越えていくか、この時代をどう生き抜くことができるのか。それが今現在、一番問われてきているのではないか。

つまり、歴史のなかでの、仏教の今の、現在の有り様というものが問われている。それで、私は三人のパネリストの方々は、それぞれ「フリーランス・ブッディスト」として生きてきた人たちなので、そこで自分のなかで取り込まれたもの、掴まれたものを、自分自身の言葉で今、語ってもらっていると思っています。

◆個の気づきをコミュニティの気づきにつなげていく

井上　今、鎌田先生の話で、単独者の仏教から国家の仏教へ、それからまた個を通して人類の総決算にどうやって立ち向かえるか、ということでしたが、今は仏教の悟りをいかにコミュニティにおろしていくかということが大切な時代かな、という気がしています。言い方を変えると、コミュニティにおける気づきの自己組織化というようなことをどうやって促進してゆけるかということです。個人が悟るということが、いかに家族の変化につながってゆくか。大家族、核家族、複合家族も含めて、結婚制度もどんどん変わっていくでしょう。そうしたことを通して、気づきというものをいかに自己組織化して社会変化につなげていくかを考えることが必要だと思います。一人ひとりの生きる力につながることだけではなくて、社会が変わっていくことにつながらなくてはいけないということは、現代思想家ケン・ウィルバーがトランスパーソナルを離れてインテグラルに進んでいったことの大きなテーマですよね。

その問題に仏教はどこで答えるかというと、次回のテーマであるサンガ（僧伽）ではないかと思います。サンガというのは「集い」という意味ですから、コミュニティ、解脱を目指して気づきを共に実践するコミュニティそのものです。個人の気づきがサンガのダイナミズムを介して自己組織化しつつ、どういうふうに現代社会の変革につながっていくのかというテーマです。それを最先端で実践しているのが、実は西洋仏教のパイオニアたちではないかなという気がしています。

鎌田　その西洋仏教のパイオニアというのは、どういう人たちですか。

井上　たとえば、禅宗の系統で平和活動をしているバーニー・グラスマンという人がいますけれど、彼はアウシュビッツの強制収容所跡で、被害者側、加害者側、あるいは他宗教からの人々もすべて一緒になって瞑想をして、そこで感じたことをカウンシルという方法でシェアリングするわけです。それぞれに瞑想することと、共に分かち合うことを通じて、お互いのなかにどういうふうに自己変革が起こってくるかを見つめます。そこでそれぞれが得たものを、それぞれの生活の場に持ち帰って実践して頂く。そうした実践が、今度はアウシュビッツからルワンダに飛び火していっています。

そういう形での平和活動です。国連の平和活動にも、ウィットネスといって、葛藤や戦争があるところに行って、ただ見ているだけの存在を提供することによって、どういうふうに葛藤を抑制したり解決プロセスを促進する役に立つかを示そうという活動があります。

ベトナム僧のティク・ナット・ハンによって創始され、西洋で大きく広がりつつあるエンゲージド・ブディズムという社会変革にコミットしていくような新しい仏教の在り方では、ベースには自分の内なる平和を培うために瞑想が実践されています。

鎌田　フロアからの質問用紙のなかにもその問題があったので、あとでそれに対してお話し頂きたいと思います。西川さん、いかがですか。

西川　意識魂（consciousness soul）の時代ということを鎌田先生がおっしゃったんですけれど、これは一五世紀、細かく言うと一四一三年から「人間が自分の内面に向き合って自分を個人として意識する」という意識のありようを指す言葉です。ブッダは何度も「愚かなものと一緒にいるよりは一人で行け」と言っていますね。ヘッセの著作『シッダールタ』では、主人公はサンガ（僧伽）を自分の自我にしてしまうことを恐れ、一切の教えと一切の師を去って、一人で目的に到達することを欲します。ブッダは歩み去り、主人公はブッダが自分に私自身（mich selbst）を与えてくれた、と思います。

共同生活ということを考えた場合、昔は個人という意識が希薄で集団が重んじられた。個人より家名を重んじるとか、自分の前世より先祖のことが気になるとかです。個人の意見より、家族・種族全体の益や和を大事にする。それが、だんだん個人が自分というものをしっかり持ってくる。そして、その上に立って自立や自由を大事にする個人が共同体を築く。そういうふうになってきていると思うんですね。

ただ、さっきお話を伺ったように、個人というものが希薄になっているのだったら、共同体そのものも変わってきているのでしょうか。

井上　その個人の希薄化でちょっと伺いたいんですけれど、今のお話しですと一五世紀ぐらいを境に、個人的な意識の芽生えが始まっているということですが、産業革命が起こったあとの家族形態の変化による個の希薄化、つまり個の確立に関する産業革命が与えた影響みたいなことをシュタイナーは言っていますか。

西川　産業革命以前の時代というのは手工業で、暮らしとしてはわりとひまがあって、悪くなかったといいましょうか（笑）。自分の作る製品に愛着があった。産業革命以後、大工場で長時間労働になりました。そういう状況下では、関心は労働条件の改善、賃金闘争で、経済中心になり、精神的なものは観念形態にすぎなくなる。個の確立への影響については、自分の労働力が金で買われることによって人間の尊厳が損なわれる、とは言っていますが。

井上　産業革命がもたらすそういう変化が、自我の確立にどういうふうに影響を与えたかというのを、精神分析家マイケル・バリントという人がベーシック・フォルト（基底欠損）という言葉で言っています。女性、母親が労働力として外に出るようになったり、大家族でいろいろな人が手を替え品を替え一人の赤ちゃんの面倒を見るということがなくなったりすると、いろいろなところからエネルギーをもらって自分の万能元素を満たして自我を立ち上げるということがやりにくくなります。物質的には貧しかったかもしれないけれど暮らしは豊かだった時代の自我の確立の在り方というのは不可能になりますよね。それが、産業革命がもたらした自己意識の基盤の弱さだと思います。

そして今、私たちが体験しているのは、産業革命だけではなくて、プラス情報革命で、今度はお母さんがいてくれてもお母さんは携帯をやっているとか、家族として一緒にいても、ご飯食べながらお互いにメールで会話したり、画面に向かってテレビゲームをやっていたりするというようになって、人との係わりのなかで自我の形成というのはもっともっと希薄になってしまっているように思います。その二重の変化を踏まえた上で、悟りがそれぞれの変化にどういうフォローをしてくれるのか、という考え方をした方がいいかなという気がします。

◆自我の希薄化と我執の変容

藤田 今、話題になっている、現代の若い人たちに自我が確立されていない、自我という感覚、自分という感覚が希薄になっているという感触があるというのを、いろいろな臨床の人たちが言っているということですね。これ、そういうふうな表現でいいのかな、という気がちょっとしています。

僕らは自我なんていうと、何かガンガン自己主張するのが「我」みたいなニュアンスがあるけど、だから、表面的な現れで希薄とか濃いとかと言うけど、自己主張しない我というのもあったりして。もちろん、今僕らが生きている状況というのは、今までにない、人類が直面したことのないような状況なので、そのなかで育ってくる発達の仕方が、質的に違ってきているかもしれないという気はするんですが。

自己があるかないかと言われましたけど、仏教が問題にしているのは、むしろ我執《がしゅう》のことだと思うんですよ。今、自分という感覚が希薄だという問題を背景にして、相談とか治療に来ている人たちには我執はないんだろうか。いや、やっぱり我執はあるんじゃないか。だから、我執という目で見たら、現れ方は違うのですが、我執はやっぱり問題として彼らにもあるのではないか。ただ、それが今までいわゆる我執と聞いたときのイメージ、いかにも何か自己中心的、自己チューで、回りを見ない困り者みたいなイメージがあまりにも強いんだけど、それだけではなくて、我執のにおいが変わってきてて、最近では草食系、肉食系とか言われますが、草食系の我執というのが考えられないかと……（笑）。

西川　あるよね。

藤田　新しいタイプの我執とでもいうようなものが出てきてるのではないか、我執らしくない我執というのかな。だから余計難しくなっているんだけど、自我が希薄だとか確立されていないから確立するようにと言うけど、とらえ方を間違うと、もっと我執が手が込んできて外から見えなくなっているのではないか、やっぱりそこに我執というものがあるのではないか、という気がするんですけどね。

井上　さきほど輪廻の話が出ました。輪廻も原始経典のなかでは五道輪廻だったんですが、阿修羅が登場して六道になるというふうな歴史的展開があるんですね。今、仏教と心理療法を統合する人たちの考え方では、その六道輪廻が実在するかどうかというコスモロジーの問題として考えるだけではなくて、私たちが生きている精神的内界を理解するための輪廻理解があります。そこではどういうふうに考えるかというと、たとえば昔は餓鬼道と言われていたものは、今は摂食障害ですよね。

餓鬼の世界では、食べたいものが目の前にあっても、食べるとのどが細いから通らなくて何か苦しいし、食べようと思うと火になって消えてしまったりする苦しみがあります。それは、今の摂食障害の人たちが、目の前に本当は欲しいものがあるのにそれを拒否することで、自分のアイデンティティーを確認しなければいけないようなことが起こってきた。それは摂食障害だけではなくて、リストカットというふうな自傷場面でも現れているし、共依存の問題にも発展していきますよね。だから、輪廻転生の世界自体が進化しているんですよ（笑）。

『往生要集』で源信さんが描いて、衆生教化に使われたときのコスモロジーとしての輪廻と、ブッダの時代の輪廻で表された世界と、今僕らが生きている輪廻の世界は違うのだと思います。生物学的にももう絶滅した種が沢山あります。人類だって絶滅するかもしれない。そうした目で考えていけば、昔で言う餓鬼道の苦しみを味わっている若者たちが今、非常に多くなっているのかもしれない。では、餓鬼道の苦しみを味わっている人の自我の、我執の問題は何かという見方は、あまり明確にされていなかったのです。

しかし、今の臨床の現場を扱おうとすると、なぜ餓鬼道の世界が生まれるかとか、餓鬼道の人たちは自我にどういうふうに執着しているからそういう苦しみが生じるのかとかを考えなければならない。欲しいものが本当に目の前にあるのに、過去の満たされなかった欲望にこだわりすぎて、何でそれを拒絶することで自分をコントロールしなければいけないのか。自分をアピールしなければいけないのか。そういう問題として考えなければいけないということではないかなと思います。

鎌田　今、主体のなさみたいな現代の病理というか、臨床の場面で立ち現れてくる若者の問題がきっかけになって話が展開してきたのですが、藤田さんが言われるように、見えなくなっている我執はあると僕も思うんですよ。今までのタイプと違うタイプの我執の有り様、その我というのも、やはり時代的変化を遂げながら、なかなか我々がそこから抜け出せないさまざまなループや落とし穴を作りこんでいるんだと思うんですね。

では、現代の見えなくなった我執というのはいったい何かというと、先ほど産業革命以前と産業革命以後で違いがあるのではないかという話が出ました。僕もそう思います。そして同時に、ウィマラさんが言われたように、現代の情報革命の時代の以前と以後とでもまた大きく違ってくると思います。

そういうなかで、食べることも孤食化し、自分の部屋、密室の中でインターネットだけでバーチャルな世界に電脳空間的につながっているなかで情報的に関係性が成立する。肉体、身体をもって外界と関わらなくても、世界は、マイワールドはある。情報的自己はある。その、直接的な、対面して語るような他者との関係性を持ち得なくなったり、そうすることが嫌だと拒絶しながら、しかし、もう一つの世界、ネット上でつながっている関係性に対しては、非常な我執をもっていたりすることは大いにあると思います。

そして、同時にこの臨床の場面で大きく変化したと僕が聞いているのは、対人恐怖が多かった時代というのは、自分を責める自己処罰というのか、自分を責めるというやり方で対応するという。自分をそんなに責めなくてもいいのにと思うくらい、自己罪責感の生起ですね。しかし、今問題として立ち現れてくる子どもや若者のなかで、自分を責めるというやり方がない。言ってみれば反省とか、懺悔とかといったようなことが、そこでは基本的に起こらないわけです。それを我執がないととらえるのか、責任感がないととらえるのか。主体がないということをネガティブにとらえるのか、それは単にネガティブなことではなくて、新しい、アクエリアス時代の新しい意識の誕生みたいなポジティブな観点でとらえるのか。見方も分かれるところだと思います。けれども、ある種、病理が進行しているということも事実でしょう。

では、お釈迦さまが医王といわれ、薬王といわれた役割を担っているならば、まさに臨床の達人、名人ではないですか。それで、状況によって、機根に応じて法を説いたわけなので、そういう臨床の達人としてのお釈迦さまというものを、もう一回、方便論も含めてですけれど、考え直していく、仏教がさまざまな現代の病理に対応して生きていく在り方を作り直していかなければいけないと思います。

ですから、鎌倉時代に起こってきた新仏教の対し方というのは、これは鎌倉時代の対し方であって、それを金科玉条のようにして八百年後の今、これと同じスタイルで現代の課題に対面するということは、ヒントになるものはいっぱいあったとしても、現代の問題に対応しないものは、無効ではないか。だって環境全体が変わってきているのですから、その環境全体の変化に応じて編み直し、作り直ししなければいけないというのは当然だと思うんですけどね。その辺についてはいかがでしょう。

◆身心の受肉体験がうまくできているか

西川 僕らが気をつけなくてはいけないのは、若い人々のことを、自分の経験や考え方から判断すると間違うことがある、ということです。僕らには思いもつかない進化が若い人たちにおいて進行しているのかもしれない。それから、自分という意識が身体とどれぐらい密接かによって、自我の感覚が変わってくることです。おそらく、僕らの時代より今は自我と身体が離れ気味というか、緩いというか、そういう感覚の人がいるように思うんですね。その結果、そこに出てくる自我もまた変わってくると思います。そういう心身のありようから異次元の体験に接しやすくなっている。

そのことがさらに、肉体の死に関する意識も変えるかもしれませんね。肉体とは違うところに自分を感じるという人が増えていくかもしれません。肉体の性とエーテル体（生命オーラ）の性は逆といいますが、エーテル体の性を自分の性と感じる人々も増えているでしょうか。

僕の世代は、知識はあるけれども、霊的体験がなくて修行・瞑想にとり組んだんですけれど、今は魂が深く身体に入っていないために、体験はあってもそれを説明できる知識のない人が多くなっている。一照先生やウィマラ先生のようにきっちり修行した人が手助けしてあげることがたくさんあると思います。

井上　今の若い新しい世代が、以前は対人恐怖や自己処罰があったけれども、今は他己処罰みたいな形になるということがありましたが、一つには、社会の在り方が反映しているのではないかと思います。あとの半分は、西川先生が言っていただいたような身体への受肉に失敗してしまったことによるものですね、きっと。

私たちは生まれてきてからこの身体に住み込むというプロセスを、人生の最初の六年間から七年間くらいをかけてやりますけれど、シュタイナーだけではなくて、精神分析家で対象関係論のウィニコットもそういうことを言っています。この身体に住み込むことをする背景には、ほ乳類として進化してきた人類の進化戦略があります。他の動物に比べると赤ちゃんを非常に未熟児で産んで、絶対的な依存状態のなかで、濃密なケア（子育て）を数年かけてやります。その濃密なケアのなかで、この身体をもって生きていくことを学ばなければならない。言い換えると、この身体で生きていくことは悪いことではないんだ、地獄のような体験も天国のような体験も、この身体で生きていくことの一部なんだと統合していく体験を、人生最初の数年、特に最初の二、三年かけてやっていく。その受肉のプロセスの失敗として起こることがあるのかもしれない。

自己処罰ができるということは、攻撃性を自分に受けて引き受けていくという、ある意味での自我の強さが形成されたということです。その自我が形成される時期について、メラニー・クラインという精神分析家は、抑うつ態勢（ディプレッシブ・ポジション）と呼んでいます。思いどおりにいかない怒りを、どうやって自分で引き受けて、一回ちょっと落ち込んでうつっぽくなって、そして「いいことも悪いこともあるさ」と統合して生きていける自我の基盤が作られるという時期です。クラインの抑うつ態勢をウィニコットは思いやりの起源としてみています。赤ちゃんの攻撃性が母親に受けとめられて許されることで、原始的な罪悪感が思いやりに変容することを学ぶ時期です。

これは離乳という人生最初の喪失体験と平行して起こるというふうに考えています。多分、そうした受肉の過程における怒りを引き受けて、一回うつっぽくなりながらも、思いどおりにいかない現実を受容して生きてゆくことを学ぶ最初の体験でしょう。

こうして自我を形成する受肉のプロセスが今、うまくいかないようになっているという可能性も考えなくてはいけないということです。

そういうことで、今の新しい意識の在り方は、どちらかというと宇宙空間をカプセルに入って漂流するような生活をするために進化している可能性がある。だけど、それをよしとするのか、悪いとするのか、マトリックスが突きつけた問題でもあるかなという気がします。

鎌田 私は宇宙空間を浮遊しているような自我を形成してきたのですが（笑）、やっぱり両面あると思うんですよ。今の若者は受肉に失敗したという観点も成立し得ますが、その逆もある。つまり、新しい受肉のスタイルが生まれてきているともいえる。両立的側面です。

けれども、先ほどウィマラさんも言ったように、輪廻転生自体が進化しているんですよ。これは本当かうそかは別にして、もしもこういう観点をシミュレーションとして持つならば、今、何でそういう子どもたちが登場してきているのかということについては、ネガティブな面だけではない、違う段階というか、違う方向性があるということになります。では、その方向性への準備というのか、向き合い方を考えたならば、私たちはそこをまだ読み取れていない。まだつかみきれていないのではないか。何かがブレーキとドライブを同時にかけているように思ってしまうんですね。

井上 それは、たとえば、昔だったら生き延びられないような障害を抱えた人も生き延びられる、あるいは生き延びなければならないような状況になっていますよね。昔だったら大往生の始まりという状況でも、穴を開けて胃瘻を作ったりいろいろなことをしたりして生き延びられる、あるいは延命させられるという複雑な状況になってきています。そうやってテクノロジーが与えてくれた生の可能性の広がりというのは、ある意味、これまでの人類が、弱肉強食や適者生存みたいな形で生き延びてきたのとは違うパターンで世界を探求していることになると思うんですよ。

それは、人間が抱える弱さとか悲しさとかというものを巻き込んで、受け止めて、そこから学ぶ形で進化する可能性ではないかと思います。あるいはそういう形でしか探求できないような宇宙があるのかもしれない。もしかしたら、それはダークマターに通じるものかもしれない。そういうところに今、私たちの時代は差しかかっているのかもしれないという気はしますね。

◆仏教の真理を通して真理にいたる

鎌田　もう一つ、これは三人三様に語って頂きたいところですが、かなり本質的ともいえる問題です。「仏教の真理といった場合、仏教のと限定しているから、もうそれは真理ではありませんね。結局は修行によって内面を探求するのと、自己を向上させるという方法論が真理ではないかと思いました。もちろん、その過程で参考になる論もあると思います。私は唯識が一番役に立つと思いますが、先生方はどのように思いますか」という質問です。どなたからでもどうぞ。

西川　そのとおりと思います。僕は唯識がトップとは言いませんが、仏教の、と限定することは問題があると思います。

井上　仏教はブッダ・サーサナですが、サーサナという言葉にはメッセージとか手紙という意味もあります。だから、目覚めへの招待の手紙が教えてくれる真理ととらえれば、別に宗教を離れてもいいと思います。

私は唯識がすべてだとは思いません。唯識が説く阿頼耶識に関しては、初期仏教のなかでアヌサヤ（随眠・潜在煩悩）とか、バワンガ（有分心・生命維持心）という形でさまざまに説かれています。先ほど善因善果、悪因悪果のお話もありましたが、善意でやったのに悪い結果になった、悪いことが善い結果の原因になったということもあり得ます。それは、因というのは縁の一つにしかすぎないからです。パーリ仏教のアビダンマでは、因を含めて縁を二十四に分類します。そうした仏教の分析手法が、まだ日本に十分紹介されてはいません。ブッダの如実知見やヴィパッサナーの実践の手法が具体的に日本に紹介され、理解されて始めて、その後の展開形式である唯識思想の理解も落ち着くのではないかと思います。

いずれにせよ、その人が何を一番好きになるかは、その人次第でしょう。

藤田　僕も仏教というのは、非常に有用なリソースの一つだと思っていますが、仏教だけがすべてだというスタンスはないです。ただ、その仏教といった場合、どういう理解の仕方をするかというのは大事で、仏教を理解するには、僕たちが普通に常識で吟味したことがないような、無意識で握っているいくつかの前提をがらっと変えないと多分理解できないと思うんですよ。自分の前提をそのままにしておいて仏教に向かったときには見えてこないものだと。仏教的な言い方だと、目にゴミが入っていたら、何を見てもゆがんで見えるか、あるいは見えるはずのものが見えない、というような例えで言ってるのですが、まず、その目のゴミを取らないといけないということです。

僕自身がそういう形で学んできていて、自分の前提をそのままにしていたら、これは多分分からないんだけど、前提を外してみたら、なるほどというところが何回かありましたので、そういう仏教の理解の仕方ですね。果たして仏教を仏教的に理解しているか。だから、常識的に仏教を理解したら、それは常識の範囲の仏教ですので、仏教的に仏教を理解するという場合、同語反復に聞こえるかもしれないけど、そういう学び方、自分の立ち位置も含めて学んでいかないといけないというのを、ひとつ言っておきたいなと思います。

先ほど、仏しか仏教、仏法は分からないと言ったんですけど、仏はどういう学び方をするかというと、仏典には「自他の見をやめて学する」と書いてあります。自と他という見、見というのは憶見とか、見解とか、独断ですね。思い込み。自分と他というのが別れていると僕らが当たり前に感じているときに、前提にしているものですけど、自他の見をやめて学するなりと、その学び方を仏教から学んで、その学んだ学び方でもう一回仏教を学ぶという、そういう自分と仏教の間の行き来みたいな回路を作っていく必要があるのではないかと思います。それは、学ぶことと同時に自分を変えていくということにもなるので、これがやっぱり仏教的な学び方ではないかなと思います。

僕らが普通学ぶと、教養が増えるだけで全然自分は変わらない。物知りにはなってもやっぱり凡夫のままで元の木阿弥、みたいなことになってしまいます。仏教は、初めから仏教的に学ばなければ仏教にはならない、というのが仏教ではないかと思います。だから、頭を使う、さっき無分別と言いましたけど、悟りというのはものごとをはっきり、間違いなく分別するという面もありますので、みそもくそも一緒ではない。みそはみそ、くそはくそでちゃんと分けて、そのとき、そのときに適切な対処の仕方ができるようになる。要するにインテリジェンスだと思えばいいと思います。ただ、僕らの普通に思っているインテリジェンスは、非常に偏ってるし、ゆがんでるし、いろいろな自己中心性とか、限られた経験とかで汚れているというか、ピュアではないので、それをやっぱり浄化していくという面もあると思うので、そういう形で仏教をみんなで学んでいければいい。そういうプロセスを抜きにして、仏法は真理か否かを論議しても、イエス・オア・ノーという答えは出てこないと思いますね。

鎌田　先ほど井上ウィマラさんが言ってくれたように、私たちはプレゼンテーション能力やコミュニケーション・スキルを高めることを社会から要求されていて、そういう部分については意識化していると思うんですが、逆に退化しているというか、弱くなってきているのは、聴くこと、深く受け止めることが非常に薄くなってきているように思います。

シュタイナーが『いかにして超感覚的世界の認識を獲得するか』という著作のなかで最初に取り上げたのは「傾聴の行」でした。徹底的に聴くことをどうすればできるのか。神秘主義の英語のミスティシズムの語源はギリシャ語のミュエインで、それは目をつぶるという意味です。それではその目をつぶるということはどういうことかというと、見えないものを視、聞けないものを聴くということになります。神秘主義とは、聴くという態度を自分のなかに深く掘り下げていくことであって、まさにそういう見えないものの声を聴くことを通して、現代の我々は何を視、何を聴いていくか。そういうことを含めて、現代の霊性の探究をさらに深めていきたいと思います。

皆さん、ありがとうございました。

（法螺貝の音）

〔章括〕

「わたし」が理解する、仏法の真理性

藤田一照

「仏法は真理か—苦しみを解脱する教えである仏教の法は、多様に変容してきた。その変容の意味、歴史的功罪、思想哲学としての有効性を探る」、と銘打って、鎌田東二さんを舵取り役に、井上ウィマラさん、西川隆範さんと一緒にそれぞれが思うところを自由に語り合った。いつものことながら事前の細かい打ち合わせなど一切ないので（せいぜい話をする順番を決める程度）、当然「四人四様」の語り口である。四人がまったく違う楽器で或る主題を勝手に演奏しているといった趣がある。それでいてジャズの即興演奏のように、何か通じ合うものがそこはかとなくかもし出されているところがまことに面白い。東京自由大学の教室で我々の話をライブで直接聞いていた皆さんにはそれをいささかなりとも楽しんで頂けたかと思うのだが、編集されて活字になったものを読まれる読者はどうであろうか？

ここでは、そういう即興的なやりとりを後から振り返って講評するなどという無粋《やぼ》な試みはやめて、活字になって返ってきた第二回のシンポジウムの記録を改めて読み返したときに、現在のわたしのなかに立ち上がってきたことを簡単に記して、与えられた任を果たすことにしたい。

「仏法は真理か」と問うとき、そこで言われている肝心の「仏法」の中身はどのようなものとして理解されているのだろうか？　仏法はそれほど自明なものとして我々の前にあるのだろうか？

ずいぶん昔、生まれて初めて漢訳大蔵経の全巻が並んでいる図書館の書棚の前に立ったとき、そのあまりの量の膨大さにわたしは愕然とした。その隣には、パーリ大蔵経、チベット大蔵経というまったく別系統の、同じように膨大な仏教経典群がさらに並んでいて、まさに開いた口がふさがらなかった。釈尊も自分自身の人生の悩みから出発して修行をされ、仏教という宗教（生きるための根本的な教え）を開かれたのだから、自分もそのあとを慕って仏道修行のなかに自分の人生の歩みを見出したいと願う人たち（わたしもその一人であったが）にとって「この自分が生きることについて、全体としてけっきょく仏教が何を教えてくれているのか」、これでは到底見定めがつかないだろうと暗鬱な思いがこみ上げてきたことを思い出す。

もう一つのエピソード。後にアメリカに渡って、テーラワーダ仏教やチベット仏教の僧侶や修行者たちと出会って親しく交流したとき、同じ仏教に属しているとはいえ、その理解や実践においてそれぞれの仏教伝承のあいだには相当の違いがあることを実感させられた。お互い人間として仲良くすることはできるけれども、仏法の上での論議をとことん煮詰めていけばどうしても埋められない深い溝があるのではないかという感触をもたざるを得なかったのである。

現在では日本においても、つい一昔前までとは違い、日本仏教ではなくテーラワーダ仏教やチベット仏教をその伝統の体現者とされる師のもとで学び修行する人たちが増えてきている。それまでアジアの各地で「住み分け」のようにして没交渉で発展してきたそれぞれの仏教伝承がきびすを接するような形で共存する状況が世界各地で生まれつつある。だからもうこれまでのように、他の仏教伝統の存在を無視して「わが仏法こそ唯一の真理なり」とその真理性を独占することができなくなってきているのである。仏教そのものの内部で多元主義的な状況が生まれている。現実の仏教は「単数形」ではなく「複数形」なのだ。

それが真理かどうかを問う以前に、そもそも仏法とは何か、その内実はそれほど自明なものではないというのが現実ではないだろうか。仏法とは人生の真実絶対の生き方を教えるものとして釈尊が発見し、教え、そして伝えられてきたものである。ではそれは端的にどのような教えなのか。

(ちなみに、禅ではそれを問う「如何なるか是れ仏法的的の大意?」「如何なるか是れ祖師西来の意?」といった定型の質問文がいくつも存在している)

仏教が世界を救えるようなものとして充分に働くことができるためには、それを一口にずばりと言い得ることができるような参究の仕方が改めてなされなければならない時が来ていると思う。

「ああも言われている、こうも言われている、まあ仏教にもいろいろあらーな」というような自分の切実な人生問題を抜きにした、中途半端、いい加減なところで「仏法は真理か」という問いを扱うべきではないだろう。それを抜きにしては仏教が仏教でなくなる、というようなぎりぎりのところにまで肉薄していくような迫り方で問われるべき問いでなければならない。

わたしが属している曹洞宗では読経や提唱の前に『開経偈《かいきょうげ》』と言われている次のような偈文を唱えることが多い。

「無上甚深微妙の法は百千万劫にも遭い遇うこと難し　我今見聞し受持することを得たり　願わくは如来の真実義を解したてまつらん」

我々が仏法に向かうに当たってはこのようにどこまでも厳粛で慎ましい態度が要求されている。それは確かだ。しかし、その裏には同時に、こういう態度をもって学ぶに値する仏法を真摯に求め続ける飽くなき批判的探究精神がなければならない。真理であるべき仏法は果たしてありやなしや？……

さて、わたしとしては今の時点では一口に言えば、「一切の諸法は縁起によって生起する」というのが仏教の根本的教義であり、苦悩が縁起であることを行を通して自覚することによって苦悩から解脱することが仏法の核心だと理解している。だから「仏法は真理か」という問いは、わたしにとってはそういう理解を現実に照らして吟味していくという作業を意味している。言い換えれば、現実からいやおうなく突きつけられてくる問題によってわたしが理解する仏法の真理性を厳しくテストし続けていく、ということだ。釈尊自身がそれを勧めておられる。

釈尊は苦悩から逃避しようとする企てをやめ、菩提樹下に端坐して苦悩の実相を究明した。そして苦悩の縁起を自覚することによって苦悩を解消し、ブッダと成った。そのプロセスは彼だけのものではなく万人に開かれた道である。その道が果たして妥当であるかどうかを各自が自らの人生という現場で検証していく以外に「仏法は真理か」という問いに答えることはできないのである。

これまで、仏法というと「なんだかよく分からないけど、とにかくありがたいもの」程度の混沌感情、あいまいな理解のままにむやみとたてまつられてきたきらいがないだろうか。これからはそうではなく、長い伝統のなかに埋もれている最も大事な人生についての深い智慧を掘り起こし、あらたな時代の只中でそれにふさわしい形、表現をとって活かしていこうとする努力がなされなければなるまい。もし仏教が単に伝統の墨守に留まっているなら、宗教としてのいのちはたちまち失われてしまうだろう（悲しいかな、そういうありさまになりつつあるのが現実だ）。

今回、鎌田さんの呼びかけに応えて、浅学菲才の身を省みず《仏教は世界を救うか》というような大上段のテーマを冠したシンポジウムに参加することにしたのは、世界を救うような「活きのいい」仏教の姿をみんなで少しでも浮き彫りにしたかったからだった。三人の「フリーランス僧侶」が「フリーランス神主」のほら貝にのせられて楽しく歌い舞ったこの記録が、人々の間にわずかなりとも仏法への関心を引き起こし、その真理性の検証作業に駆り立てることになれば望外の喜びである。

III 仏教は社会に有用か

◆災禍をふまえて仏教の役割を問う

（法螺貝の音）

鎌田　皆さま、こんにちは。今日はいよいよ最終回でもあり、今までのことを踏まえた上で、「仏教は社会に有用か」というテーマを語って頂きます。

本講座の一回目は二〇一〇年九月一九日に、二回目は二〇一一年三月五日に行いました。第二回の三月五日には、その一週間後の三月十一日にこれほどの大きい東日本大震災が起こるという予測は、多くの人はもちろんしていなかったわけですね。関東大震災級の地震が起こるとか、東海大地震が起こるということは言われていましたけれども、まさかこれほどの大きい地震と津波が起こり、加えて原子力発電所の事故が誘発されて起こるなどということは、ほとんどの方が予期していなかったと思います。

そのようなことがあってから、はや七カ月少しが経ちましたが、二回目のシンポジウムを行っていたときの状況と様々な面で大きく変化しました。今、それぞれの論者の皆さんに、「3・11」が自分たちにとって何であったのか。それをどう受け止めて、またそれをきっかけにして何をどうしていこうとしているのか。この「3・11」問題を自分なりにとらえる視点を提示してもらいながら、「仏教は社会に有用か」という課題に対して、それぞれのお考えを述べて頂きたいと思います。

今回は藤田一照さんにトップバッターを務めて頂きましょう。では、藤田さん、よろしくお願いします。

俗世間に対するサンガの意義

藤田一照

◆3・11をめぐって仏教者が言えることとは

藤田　今日は仏・法・僧のうちの僧、サンガ（僧伽）がテーマで、副題が「仏教は社会に有用か」ということになっていますが、今、鎌田さんから、まず前半は「3・11」を巡っての話にしてくれということでした。

あの大震災の一週間前の三月五日に、ここで法、ダルマについて話したときには、本当にそれから一週間後にああいうことが起きるとはまったく思っていませんでした。僕は三月一一日の二時四六分には、神奈川県葉山の自宅にいまして、さすがに揺れは大きかったですね。たいてい僕は地震が起きても、そのうち収まるだろうと高をくくっているので、収まるのをその場で待っているタイプですけど、外に飛び出しました。

それ以降も何度かかなり揺れましたけど、幸いなことに建物とかには別に被害はありませんでした。直接の被害というのはなかったんですけど、あの震災の映像には非常にショックを受けまして、そのせいで自分でも不思議な心境がずっと続きました。何カ月間か、無力感というか、何をやってもむなしいという、一過性の軽いデプレッション、うつ状態が続きました。

その頃何人かの方から、宗教者、あるいは仏教者はこういう災害に関して何を言えるのか、という質問をされたこともありましたけど、そのときは僕には何も言えませんという受け答えをしたと思います。自分ごときが何を言ってもそらぞらしい気がしていたからです。

仏教者が言えることというのは何でしょうか、と言われたときに、こんなひどい出来事をどういうふうに納得したらいいのか、仏教的な納得の仕方を教えてください、これを受け入れて安心、得心できるような方法を示してください、という質問者の意図を感じたわけです。とにかく僕らはそういう納得できない状態というのは、非常に不快なわけですね。数学の問題なんかでも、解けるとほっとしてある種の快感を感じるわけですけど、こういうことが起きると、今までのフレームワークのなかではどうしたって納得できないわけです。それは非常に不快なことなので、何とか納得できるような理屈というか、説明を仏教のなかに探して、それで納得したい、ほっとしたいという、そういう動機が裏に隠れているのではないかということを感じましたね。僕もそういう欲求を感じていましたからそれは非常によく分かるんですけど、それに答えて何かうまい説明や理屈を仏教からひっぱり出したとしても、そういうこと自体が仏教的ではないのです。

仏教の基本の教えに「無常・無我・苦」というのがあります。三法印と言われているものですね。仏教と他の教えとを区別する特徴的な教義ということですが、これは一言でいうと、実存哲学で言う不条理というんでしょうか。一寸先は分からない、我々にはそれをどうすることもできない、そういう状況のなかに我々は否も応もなく投げ出されていて、そこで生きていかなければならない、ということなんです。そういう現実のなかで我々は生きているんだという、非常に醒めた教えです。ですから、納得するとか、しないとかという話どころではなくて、基本的には納得できないような、絶対に我々の納得をはみ出るような世界、現実、そのなかに我々衆生は生きている。そこでどうやって意味深い生を全うするかという、そういう問題の在り方を指し示しているのですね。

ですから、もし納得できるところがあるとすれば、納得をあきらめるという納得の仕方しかないのではないか。

今回の震災にあたって、もちろん一刻も早く未来、それも少しでも明るい未来につながっていくような復興の仕方を、あらゆる英知を結集して見つけていかなければいけないのは当然なんですけど、それと同時に、今回の出来事が我々に突きつけた、今言ったような人間の置かれている基本的な、非常に非情な、冷酷な状況を忘れないように明確に意識しないといけないんじゃないでしょうか。

仏教が役に立てるというか、本来的なメッセージとして発しなければいけないのは、やっぱりいかに人知で備えたとしても、もちろんそれは無駄ではないし必要なことなんだけど、それをはみ出るような、軽く無に帰させるような現実は必ず起きるんだということ。人間的な努力をディスカレッジ、くじくということでもないし、所詮無駄だとかおろそかに考えるわけではないんですけど、人間の努力の限界というのか、人間そのものの限界というか、人間の有限性、限界みたいなものに対する深い洞察を、もっとはっきり打ち出していくべきではないのか。そういう諦観というか、認識をもったうえで努力していく、ということでしょう。

もちろん、その限界を広げていく努力も大事であるし、必要なことなんですが、同時に人間は、世界の、宇宙の主人公ではない、ということ、我々の都合や思い通りにすべてが動くわけではない、という厳粛な現実のなかに置かれている、ということ。つまり人間存在の脆弱性、あやうさ、有限性ということに関しても、仏教はもっとはっきり発信していかなければいけないのではないかと思っています。

ですから、福島の原発問題も含めて、今置かれている状況というのは、そういう意味では非常に仏教的な状況なわけですね。一寸先は闇というか、まだまだ分からないことがある。要するに、普通の人間だったらどうしたって不安になるような、そういう条件下なんですよね。

これは、もちろん程度の差はありますが、大震災が起ころうが、福島の事故があろうがなかろうが、人間の置かれている条件は本質的には変わっていなかったわけで、今回のこの出来事が、それを鮮明な形で我々に思い知らせてくれているというふうに受け取るしかない。僕らとしては、そういう学び方をしていくしかないのではないか、と思うんですね。

ですから、その意味では、ますます仏教が活躍する状況になってきたというか、仏教の出発点はそういう人間的状況を見据えるところにあったはずです。

仏教も長い歴史の間に、人間を納得させる方向、納得させて慰める方向にずっと発展してきている側面もありますよね。耳に心地いいというのか、我々が聞いて慰められるようなメッセージを発する形で受け入れられていくという方向で、発展させてきた面もありますけれども、やはり、我々が聞きたいと思うようなことではないけれども、言われるべきことは言われなければいけない。有用性ではなく、真理性を問わなければならないと思うんです。真実に目覚めていく方向での生き方を現代において考えていくという、仏教はそういう方向の指針として、もう一回見直されないといけないのではないかと思っています。

◆俗世間の中のサンガ（僧伽）

その意味では、三回シリーズで、仏・法・僧についていろいろ話してきましたが、仏とか法というのは、まだまだ抽象的だと思うんです。具体的ではない。歴史的な、社会的なこの現実の場にまだ下りてきていないというか、形がないわけですよ。それに対して、僧というのは、これは本当は僧伽《ソウギャ》という、いわゆるサンガ、共同体ですね。

僕らは仏教僧と言われているわけですけど、そういう用例から僧というのはお坊さん個人のことを言っているように理解している人が多いと思うんですが、僧というのは僧伽の伽を省いたもので、実はサンガのメンバーである、ということですね。この形をとって初めて仏教が社会の中に具体的に根を張ることができるので、このサンガの問題を抜きにしては、仏教は現実的な力にはならないと思うんです。

仏や法についてはよく語られているけど、サンガの問題ってあまり語られている機会にお目にかかったことがないので、今回、西川さんや井上さんがどういう話をされるか非常に楽しみにしているのです。

サンガというのは一つの共同体ですが、そのサンガの回りには社会というものがあるわけですね。これはいわゆる俗世間ということになります。これは、ある価値基準に基づいて構成され、営まれているものですね。仏教的に言うと、俗世間を構成しているのは凡夫です。これは「普通の人」という意味ですから、我々のことです。

凡夫の定義もいろいろあると思いますけど、個人的欲望を中心に生きている人と言ってもいいと思いますね。心理学的な言い方をすると、自我を出発点にして生きている人たちということになると思います。

それで、サンガというのは、この俗世間の中に島みたいな形でできるものなんですね。お釈迦さまの例を見たら分かると思います。お釈迦さまは菩提樹の下で悟りを開いて仏になりました。そこで仏が生まれました。それから最初は、昔一緒に苦行をした五人に法を説きました。これを初転法輪《しょてんほうりん》といいますが、それが法になっているわけですね。そのときの説法の内容は四《し》聖諦《しょうたい》とか中道《ちゅうどう》とか八正道《はっしょうどう》だったということになっていますが、ともかく法が成立した。それで、それを聞くことで五人の目が開けて、彼らも仏になったというんですよ。

それで、釈迦プラスこの五人で合計六人が最初のサンガになったんですね。お釈迦さまも他の五人と平等にサンガの一員なんですよ。その上に君臨しているわけじゃないんですね。それでも、インドの社会の中に公式登録をしているわけではないから誰も知らなかったけど、仏教史的に言うと、その六人の集団ができて、それがサンガの最初の母体だったわけです。

俗世間の外部ではなくて内部に僧伽、サンガというものが生まれると、サンガの一員になった人は同時に社会にも属しているし、僧、サンガにも属しているわけですよね。つまり二つの登録というのか、所属を持っているようなものですね。二重国籍。ですから、サンガの人もやっぱり、社会にいる人としての限定を受けるわけです。金がないと困るとか、生活の糧はいるわけです。さらに、サンガの外にいる人たちと同じように欲望とか自我とかというのも、やっぱり人間ですから傾向として持っているわけで、サンガに入ったからって自動的に全然違う人間になるわけではない。

◆サンガとは自覚に基づいた共同体

ただ、そこには一つ違いがあって、サンガの人にはそれまでとは違う生き方をしようという、或る自覚があるわけです。

僕らは、気がついたらもう俗世間の中にいる。社会のメンバーになるのに、別に自覚も何もいらないわけですが、サンガに入るには自覚がいります。気がついたらサンガに入っていたということはないわけです。サンガに入るという自覚があってメンバーになるわけです。

それの一つの具体例として、帰依三宝というのがありますが、私は仏に帰依する、法に帰依する、サンガに帰依するというわけですね。この三宝に帰依することによってサンガのメンバーになるわけですが、その自分が属しているサンガに帰依する、信仰の対象にするという、こういう面白いところがあります。だから、これは単なるクラブとか同好会というようなものとは性格がまるっきり違うんですよ。単にあるグループのメンバーになっているというのとはちょっとわけが違って、帰依の対象としてこのサンガというものがあるというのも、サンガの一つの特徴だと思います。

仏教的に言うと、この帰依三宝の自覚に基づいてメンバーになるのだから、このサンガの外の人たちは凡夫として、人生というのは欲望・自我に基づいて、自己満足という欲望に引きずり回されて、それが人生と思って生きているわけですけど、サンガはそうではない生き方を目指して、自覚的に形成された共同体なんです。それを統理している、まとめているのが仏であり、仏の法であるということで、仏とその教えの法というものを具体的な、歴史的な、社会的なリアリティ、現実のなかで具体化しようというプロジェクトに賛同して、自分の人生を再構築していこうという人たちのグループが、サンガということになります。

このように集団を作るというのは、やっぱりどうしても必要なことなんですね。というのは、だいたい社会とサンガとは全然別な方向を向いていますので、一人ではやれないんですよ。

たとえば、道元さんは「学道の人はすべからく貧なるべし」と言っています。学道の人というのは、サンガの人たちですね。この人たちというのは、人生を学道として生きようという決意をした人たちです。いかに難しくてもそう生きようと踏み出した人たち。その学道というのは貧であることが大事であると言っているんですね。で、このサンガの人たちは貧になる努力をしている。その外の世間の人たちは裕福になる努力をしている。当然、摩擦というか、価値観は共有できないわけですけど、サンガを社会から隔絶してその外に形成するのではなくて、あくまでも社会の中に形成しているというところは、大事なところだと思います。

◆今こそサンガ的共同体が力を発揮する時

で、お釈迦さまが考えたのは、いきなりその社会全体を革命か何かを起こして一気に変えようとしたのではなくて、サンガをあちこちに作る、このサンガで十分力量を蓄えた人をあちこちに出していって、こういう人たちがどんどん、たくさんのサンガを島のように作っていって、この島と島が連携するような感じで、社会全体にそれが広まっていく、というビジョンだったのではないかと思いますね。それは今も続いていると思います。永遠に未完のプロジェクトかもしれないけど、そういうビジョンだったのではないでしょうか。

そうしていずれ世界全部がサンガになれば、もうあらためてサンガと言わなくてもいいでしょう。もう、そういう言葉を使う必要がなくなるときがサンガの完成。サンガは自分の使命がなくなるまではどこまでも生き続ける、そういうふうな方向に動いているものではないかと思うんですね。

特に、この「3・11」の出来事というのは、恐らく俗世間が想定していなかった、欲望や自我の前ではそういうことは起こってはいけないことなので、そういうことは起こらないだろうという虫のいい想定、前提でやってきたんだと思いますけど、それが根底から揺るがされたわけですよね。だから、早急に俗世界を元通りに直そうという働きが、多分怒濤のごとく起こるわけです。そこで深い反省があればいいんですけど、凡夫が構成している俗世界の問題は反省というものがないところにあるんですよ。

欲望充足至上主義の路線で進んできたところに、今回自然がそれに待ったをかけたわけなんですが、その待ったに対して敗北は許されないので、もっとアグレッシブにこれまでの路線を露骨なまでに推し進めていこうとする勢力が、多分出てくるのではないかと思うんです。

そういうときにこそ、サンガという島のような形で、それとは違う生き方をする、あるいは別な方向に向かって生きる努力をするという、そういう体制内共同体の必要性がますます増していくのではないかと思っています。同時にそういう別な路線に対して、社会の主流の価値観がそういうことをますます許さなくなっていくというか、その両者の緊張関係が増すという状況になっていくのではないかと思います。

ですから、我々は、もしサンガの側に立とうとすれば、その意志をますます鮮明にしていかなければいけないということになると思います。

鎌田　どうもありがとうございました。では、続いて西川さん、お願いします。

霊魂からみる仏教の役割——西川隆範

◆供養の意味と働き

西川　このシンポジウムの第二回は二〇一一年の三月五日でした。この日は、そのあと四国へ向かいました。その翌日の三月六日は、実は僕が三五年前に出家をした日になります。

得度のとき、前もって出家の儀式について詳しい知識はありませんでしたが、まず、いくつか戒律を守るという誓いがあります。それから、僕の記憶が確かであったら、日本という国にこれまでいたことを天皇陛下に感謝して、そこから出ていくという文句があったと思います。

三月六日は、善通寺に泊めてもらいました。僕は二〇代前半で高野山の専修学院というところで修行していたのですが、たまたまこの日はその専修学院の若いお坊さんたちが修行後の四国巡礼中で、一緒に善通寺に泊まっていたんです。八十何名ぐらいかな。そのため、一般客がほとんどいなかったんですね。

宿坊に泊まると、朝の勤行に出るときに、先祖供養などを申し込めます。一般客が少なかったから、申し込んだのは僕一人だったんです。その結果、僕一人の頼んだ供養を八十数名プラス善通寺の二〇名近くの方、百名のお坊さまが拝んでくれて、ありがたくなってね。しかも、真言宗の年配の坊さんがかっこいいの。

そのとき頼んだのは、二七年目になる僕の水子の供養です。そのとき、本当に今成仏したなあ、という実感があったんですよ。『理趣経』で成仏するんだなあ、と感心しました。

それから京都経由で、今住んでいる千葉県に戻ってきまして、三月一一日、家の近くの道路を歩いているところで地震にあいました。農家の屋根瓦がたくさん落ちたり、墓地ではずいぶん墓石が倒れました。そのあと、テレビで津波のニュースを見て、それから翌日ですね、水素爆発。それで、僕が思ったのは、原発事故収束に向けて祈祷的に何かできないかということです。

シンポジウム初回の話のなかで僕の経歴を言いましたときに、叡尊という坊さんのことを第三回のときに詳しく話すと予告をしました。そのときは、彼の社会福祉的な事業のことを言おうと思っていたんです。行基《ぎょうき》について取り上げるべき福祉事業家だったわけですから。ところが、3・11で状況が変わりました。

この叡尊という僧は、元寇があったときに神風を吹かせた坊さんです。人を損なわずに船を破損させるよう、彼が岩清水八幡宮で尊勝陀羅尼《そんしょうだらに》を七日間唱えると、愛染明王《あいぜんみょうおう》の矢が飛んでいったと言われています。

ぼくは今まで、地震のとき地の霊に静まるように言ったことが何度かあります。だけど、今度は原発ですからね。それも、どこか一カ所ねじがゆるんでいるとかだったら、念力で何とかできると思うんですけれど、あれだけ大々的に破損したものをどう修繕したらいいのか。今に至って無力感というか、大変疲労して……（笑）。

鎌田　一応トライしたの？

西川　トライしたんですよ。いのちと引き換えにしてでも直してやろうという気になって（笑）。でも、機械の構造を知らないから、どこをどうしていいか分からなくて（笑）。病院に行ったら、重症の心不全ということで、胸水・腹水が溜まっていて、数メートルの歩行で息切れです。長谷観音のおみくじを引いたら、「病気あやうし」（のちに友人が深川不動で引いてくれたら、三回連続「長引くが全快する」）。一応、知り合いの聖職者に葬式の予約をしたら、快く引き受けてくれました。

もう、作業員さんに頑張ってくださいという思いを送るしかないんです（笑）。

善通寺の近くに満濃池《まんのういけ》がありますが、この池の修繕を空海がやって、そのときに護摩を焚いた島が今でもあります。護摩を焚くことによって工事現場の人々に何か力を与えて、スムーズに工事が進んだということがあったと思います。

◆慰霊・鎮魂の役割

仏教には、一つには心の救い、仏の慈悲による救い、仏教の世界観による救いがある。それによって妄執や執念を脱することができます。そういう心の安らぎとか、そこへ至る悟りとかいうイメージで仏教をとらえることが多いと思います。

もう一つには、加持祈祷による息災。平安京というのは加持祈祷の世界ですね。日蓮宗もその傾向が強いでしょう。曹洞宗も道元の後、わりと早く密教化して、祈祷する方がいらっしゃいますし、台密の達人でもある栄西は建仁寺を天台・真言・禅の兼学寺院にした。浄土宗でも行を積んで神通力のある方がいらっしゃると聞きます。

今言いましたように、仏教徒ができることとして、まず三つ思い浮かびます。一つは、これは仏教徒でなくてもできますけれど、被災地に行ってボランティア活動することですね。そこでは仏教の「慈悲」の精神が支えになるでしょうが、宗教とは関係ない愛情でも活動の源泉になりますね。

もう一つは、亡くなられた方々の慰霊をすることです。日本では多くの場合、葬儀とか法事とか、仏教式でやるものですから、霊魂を往生させるのは、お坊さんの得意分野かと思うんですね。

ちょっと話がそれますけれど、今年の夏休みに京都の大文字の送り火を見てきました。今年の大文字の送り火というのは、ほぼ旧暦どおりの日で、一日ずれただけなんです。ですので、明治以前の大文字の送り火とほぼ同じような自然条件になった。大の字が点火されたときに、ちょうど東山から満月が昇るんです。月と大の字のセットで供養しているんだなあ、と改めて感心しました。

三つ目は、本来の仏教からは逸脱していますが、祈祷による現実の息災・安全です。復興に神仏の加護を祈念する。

◆自然を損なう悪魔的なものの影響

震災に話を戻しますけれど、某知事が天罰とおっしゃいましたね。人間の物欲に天罰が下ったという発言でした。そういうふうに、自然災害を天罰と見る発想は、古今東西、多々ありました。聖書でも、神が怒って街を滅ぼしている。シュタイナーはまったく違うことをしゃべっています。天災は神からではなく、悪魔から来ていると言ったのです。

つい最近、彼の講義録で『天地の未来――地震・火山・戦争』というのと『黙示録的な現代――信仰・愛・希望』というのを翻訳したのですが、彼は悪魔を何種類かに区分します。一つは、空中にあって活動する悪魔。堕ちた天使、ルシファー。大雨とか、台風、暴風雨、これは空中の悪魔ルシファーがもたらしている。その対極にあって、大地もしくは地中に関すること、地震とか火山噴火ですね、こっちの方は別の悪魔、サタンがやっている。ゾロアスター教ではアーリマンと言いますが、これをサタンと同体ととらえております。

今言ったルシファーとか、アーリマンもしくはサタンというのは、自然災害に関してだけではなくて、自然以下の力をつかさどる働きもしていると考えられています。自然以下の力というのは、僕らが文明で使うようになったもののなかに、自然以下の領域から取ってきたものがあるというんです。

自然よりも一段低いところから取ってきたエネルギーが電気。これはルシファーの縄張りです。「電気は物質以下の状態の光」「崩壊した光」である、とシュタイナーは言います。

二番目のものを、シュタイナーは磁気と考えました。磁気がサタンに関連している。磁気を使う場合、サタン的な力がそこに加わるというんです。

三番目のものをシュタイナーは阿修羅が担当する力と言っていて、彼は「恐るべき破壊力」としか言っていないのですが、研究者はみんな原子力だと解釈しております。

それから、アンナ・グリュンというシュタイナー派の人の話なんですけれども、正常に運転している原子力発電所であっても、そこから原子力の影響が周囲に及んでいて、原発の周囲一〇〇キロもしくは一五〇キロ以内では、地水火風の精霊・四大元素霊が影響を受けている、と言っています。

四大元素霊・自然霊というのは、本来は植物界・自然界を順調に成長させる助けをしているはずです。ところが、原子力の作用を受けた結果、その場にいることが苦しくなってくるので、むしろ逆の働きをしてしまうというんです。

このことから考えると、日本の神々にはいろいろなタイプがありますけれど、自然霊を神として祀っていることも結構あります。そうすると、原発近くの社《やしろ》や祠《ほこら》というのは、やっぱりその影響がどこかに及んでいて、神様もだんだん居づらいというか、嫌な気持ちになるんじゃないかと思うんです。

日本の神様は、ある時期に一定の土地に鎮座なさることがあります。どこかからやって来て住みつかれる。ということは、いたくなくなったら、どこかへ行かれても不思議ではないと言いましょうか、どうも神様は風光明媚なところを好まれるみたいで、不浄なところにはいたくないのではないか。

今後の日本のことを思うと、神様が住みにくいような環境になってしまえば、神々がどこかに去っていって、殺伐とした社会になるのではないかと思うんです。きれいな自然との共生は、よい神々との共生につながる。これこそ大切にすべきものだと思います。

◆お坊さんに期待すること

この講座全体のテーマが《仏教は世界を救うか》ですね。仏が世界を救う。あり得ると思います。法、仏教思想が世界を救う。これもあり得ると思います。では、僧伽、サンガが世界を救うかどうかですね。

今でも、多くの日本人はお坊さんたちにとても期待していると思います。自分たちとは違う清浄な生活をしている僧侶たちを尊敬したいと思っている。戒律を守って修行を積んでいる清僧がたくさんいることが、自分たちの生きる励みになる。そういう期待を持って、仏教を見ていると思うんです。

その期待が裏切られるのは、たとえば葬式や法事のあとに、お坊さんが遺族に付き合って一緒に飲食するときです。坊さんが世俗の話をなさると、みんながっかりします。まさかそのような席で肉食・飲酒なさるほど生臭い坊さんはいらっしゃらないでしょうけれど、そういう坊さんへの失望から、仏教をやめてキリスト教に変えたという人々もいるんですよ。だから、お坊さんはもっと立派な態度で、心に染みる説法をしてほしいのです。

日本の仏教の特徴に、檀家がお坊さんに対して甘いというのかな、肉食妻帯なさっていても、檀家はお坊さんを丁寧に扱うでしょう。夏休みに心霊科学協会で駒沢大学のシャーマニズム研究の先生とお話をしたんですけれど、その佐藤憲昭先生がおっしゃるには、日本のシャーマンに憑依した神は、外国の神に比べて、シャーマンに対して寛大なんだそうです。外国の神は、自分が憑いたシャーマンが家庭を持つことを許さない。ところが、日本の神様は許すんだそうです。日本の仏様もお坊さんに寛大であって、元来の仏教の戒律生活を要求しないのかな。

◆これまでとは違う新たな転換に向けて

もう一つ考えてみたいのは、「空」とか「無我」の思想です。この思想と、仏教が「現実社会」に有用かというテーマがどうかみ合うのかです。この社会が実在すると思っているから、ここで一生懸命活動する。第二回のときに触れましたが、この世が実は「幻」だったら、ここでどれくらい一生懸命努力するかですね。「かくのごとく無量無数無辺の衆生を滅度《めつど》せしめたれども、じつには衆生の滅度を得る者なし」と『金剛般若経』にはありますね。

ところが、改めて考えてみると、空であるからこそ何か大きな活動が可能ではないか、とも思います。空であるからこそ大胆な取り組みが可能かと。

無我もそうではないでしょうか。自分の固定的な自我がないというだけではなくて、世界すべてに固定的な実体がないと見るんだから、いくらでも変わっていける社会になってくる。

「3・11」は、日本の歴史において、とても大きな転換期だと思います。近代化の大きな節目は、まず明治維新があったと思うんですけれども、明治政府は武士道的精神で頑張って西洋文明に追いつくという感じがあったのではないでしょうか。もう一つは一九四五年。終戦後、頑張って経済中心に復興していきました。

今度は、同じ復興とはいっても、これまでとは違う生活や社会の在り方に向けての復興しかないでしょう。もう一回、過去と同じような経済的復興を目指したら、何も学ばなかったことになるでしょう。自然的・精神的な人生観や生活観に向けて、今から何かが始まっていく。僕らが始めていって、この震災と原発事故を体験した子どもたちが、それを完成していく。

鎌田　ありがとうございます。では、続けて井上ウィマラさん、お願いします。

仏教瞑想とサンガはいかに役立つか――井上ウィマラ

◆震災のグリーフ（悲嘆）ケアを発端に

井上　初めに、慈悲の瞑想を歌にしたものがあるので歌います。歌詞のなかにマントラが入っていて、「サッベー・サッター・スキター・ホーントゥ（すべての、生き物たちは、安らかで幸福で健やかで、ありますように）」というのですけれども、それが三回繰り返されるので、皆さん心の中ででもいいですから一緒に歌ってください。

〈歌、ギターにのせて〉

♪すべての生き物たちが幸せでありますように。
すべての生き物たちが安らかでありますように。
怒りも憎しみも自分を責めることも、すべてを手放して安らかでありますように。
サッベーサッタースキターホーントゥ、
サッベーサッタースキターホーントゥ、

サッペーサッタースキターホーントゥ。
すべての生き物たちが幸せでありますように。

今日はもう一曲。サンガ、コミュニティというテーマで歌いたいと思います。この歌は結婚式のときに両親に捧げる歌として作ったものです。「3・11」以降、コミュニティの再生がとても重要なテーマだと思っています。人が人になり、命をつなぎ、大切な人を失って、その悲しみを思いやりにつなげて次の世代を育てていくためには家族の在り方がとても大切になります。そういう思いを込めて、この歌を家族のために捧げたいと思って歌います。

〈歌、ギターにのせて〉

♪産んでくれてありがとう、育ててくれてありがとう。
こんな機会でもなけりゃ、言えない言葉。
家族って不思議だね。思春期の頃は、
〝ばかやろう、おまえなんか死んじまえっ〟て、誰にともなく叫んでた。
もがく僕を受け止めて、毎日ご飯を作ってくれた。
家族の力だね、ご飯を食べているうちに、
すさんでいた心がいつも家族に戻ってく。

産んでくれてありがとう、育ててくれてありがとう。
こんな機会だからこそ、言ってみたい言葉。
僕らは出会ってね、いくつもの景色を見ながら、
もうひとつそんな家族を作ってみたいって、思っちまったよ。
産んでくれてありがとう、育ててくれてありがとう。
こんな機会だからこそ伝えたい言葉、伝えたい気持ち。

ありがとうございます。

三月一一日は家で子守りをしておりました。週末、私は山梨の家に帰って子守りをします。息子は今二歳三カ月で、陽斗といいます。その間、助産師をしている妻は、パートで新生児訪問をしたり、ヨガをしたりします。

あれは、私の人生で体験した一番大きな地震で、山梨は震度五でしたが、子どもを抱いて隣にあった食器棚を見たら、がたがたとだいぶ揺れました。幸い落ちて壊れたものは何もありませんでしたが、とても長い揺れでした。妻が帰ってきて、訪問先の家では金魚鉢の水がこぼれたと話してくれました。それから「ウィマラさんだから、自分が下敷きになっても陽斗を救ってくれていると思ってた」と言われたのですが、その場面を想像すると何ともいえない気持ちになりました。

それからテレビで流れてくる映像を見て、これは大変なことになってしまった、と思いました。直前の三月五日、第二回のシンポジウムで、私は、人間の弱さというか、影の部分から学んでいかなければいけないという話をした直後だったので、「あ〜」と思って。「とうとう起こってしまった」と。だから、何かしなければいけないという気持ちがありました。

その少し前のことでしたが、高野山大学に複雑性悲嘆の研究者から連絡があって、私たちは三月一六日に大学で面接する予定にしていました。複雑性悲嘆とは、悲しみが非常に大きく、

今回の大震災のように突然やって来て、遺体も見つからなかったり、見つかっても損傷が激しかったりすると、大きな心の傷を負うことになります。あまりにトラウマがひどくなると、人は泣くこともできなくなります。泣けなくなった悲しみは身体化してゆきます。そうした複雑になって、こんがらがって、長期化して、医療的介入を必要とする悲しみのことだそうです。

この複雑性悲嘆の治療に仏教のマインドフルネス瞑想が役に立つということで、その研究者の方が来てくださって、話し合いをする予定を組んでいたわけです。それが大震災の直後になってしまうとは、思ってもみませんでした。それで、

彼女と話していて、これは何かをしなければいけないねということで、私たちは彼女の研究者仲間と一緒に、ジャパン・ツナミ・グリーフ・サポート・プロジェクト（ＪＴＧＳプロジェクト）というものを立ち上げました。そのメンバーは関西中心でしたので、八月に東京で同じ方向で活動している人たちと合流して、統一的な情報が提供できるように合併して、名称をジャパン・ディザースター・グリーフ・サポート・プロジェクト（ＪＤＧＳプロジェクト）に改めました。今年の一月にはホームページが立ち上がりました。

これは、最低一〇年ぐらい先を見込んで、どのようにグリーフケア（悲嘆ケア）をしていったらよいのか、長期的なビジョンのもとに取り組みたいと思っています。複雑性悲嘆という、こんがらがり過ぎて涙も出ない悲しみを、どういうふうにして癒していったらいいか。言葉のアプローチはあまり効きませんから、身体的なアプローチを含めていく必要があります。

それから、先ほどからずっと話題に出ていますけれど、慰霊祭などの宗教的儀礼の重要性ですね。グリーフケアのなかに、伝統芸能や祭りや宗教的儀礼をどのようにうまく組み込んでゆけるかという視点がとても大切だと思っています。

何もできないという無力感と、何かやらなければいけないという気持ちの間でだいぶ悩みました。そこで、プロジェクトの一つとして、災害ケアに関する欧米の先行研究の論文を一つ翻訳させて頂きました。パークス先生といって、死別ケアや災害ケアで高名な先生の論文で、とても多くのことを教えて頂きました。

ただ、それをやって思ったことは、家で妻子が寝た後に翻訳作業をしたのですが、無理が重なると疲れてイライラするんですね。次の朝、優しくできない。妻に優しくできない、子どもに優しくできない自分がいました。そして、ボランティアとか社会貢献といっても、家でこうなってしまうとよくないなと痛感しました。そのときに自分で決めたのは、家にいるときには家族優先にするということ。家族との生活では喧嘩もするし仲直りもあるんですけれども、やっぱりそうした家族生活のなかでの自分の心の安らぎがまずあって、家族の平和というバロメーターがあって、その上でどのように社会貢献してゆくかを考えなくてはいけないということを感じました。私は、そのために還俗したのですから。

それで、大学の休みなどを使って二回ほど、六月は視察に、八月はボランティア活動で現地に入りました。そうした活動を通して、仏教は社会に対して有用であり得るかについて考えました。というか、有用でなくては困りますし、実際多くの僧侶の方々がさまざまな実践を展開してくださっております。

こうした状況下で仏教が社会にとって有用であるためには、先ほどから藤田先生と西川先生がお話ししてくださっているように、新しいコミュニティづくりにサンガがどのようなモデルと実践的な役割を提供できるか、ということがキーポイントになります。

◆苦しみを乗り越える契機としてサンガがどう役立つか

仏教では四苦八苦と言いますけれども、生きること、老いること、病むこと、死んでいくこと、好きな人と別れること、嫌いな人と出会うこと、求めても得られないこと、それから心身を自分のものと思い込んで生きるために生じる苦しみがあります。こうした四苦八苦を機縁として、一緒に学び合い、支え合っていくような新しいつながり方を学ぶ必要性がある。地縁や血縁による社会が崩壊してしまい、無縁社会と呼ばれる今こそ、新しい形での、目的縁による、さまざまな苦しみを乗り越える目的を共にする人と人のつながり方を作り上げてゆく必要があるのです。そこでサンガという修行共同体が実際にどのように役立てるかという問題です。サンガというスピリチュアルな縁で結ばれた修行コミュニティが、地域や家族に、何を提供できるかを問い直すべきときなのだと思います。

より具体的なテーマとしては、慰霊の問題も含めて、共に悲しむための学びだと思います。葬式や法事を通して、喪の仕事、グリーフワークとかグリーフケアと言われますけれども、大切な人を失った悲しみをどうやって思いやりの心につなげてゆくか、という問題です。「泣くな、悲しむな。嘆き悲しんでいたら成仏できない」というようなことを言ってしまうと、もう現場では何も通用しなくなってしまう。

だから、私は震災以降、経典を改めて注意深く読み返しています。それは、この数年間のテーマでもありました。悲しみに対してブッダは何を教えてくれていたのだろうかを問い直したのです。

『スッタニパータ』に「サッラ・スッタ（矢の教え）」というのがありますが、そこでブッダは、貪瞋痴《とんじんち》の煩悩、特に怒りの煩悩が自分に突き刺さったまま嘆き悲しむと、嘆き悲しめば悲しむほど自分を弱めてしまう、と言っています。「泣いてもしょうがない」のではなく、煩悩の矢が刺さったまま泣くのが問題なのです。それは罪悪感の問題にほかなりません。そこをみんな読み落としているのではないかと思います。

被災地でも、罪悪感の問題への取り組みがとても重要になっています。ああすればよかった、こうすればよかった、目の前で救えなかった……。これを突き詰めていくと、今後一番心配しなければいけない問題は、仮設住宅に移って孤独な状態になったときの自死の問題です。人間を自殺まで追い込んでしまうのは、その自分を責める気持ちなのではないか。本当は他人を責めてしまいたい気持ちがあっても、そうしてはならないと思うと、怒りは内向して、自分を責めてしまうのです。そして、時に自分を死にまで追いやってしまう。内向した怒りとしての罪悪感のテーマは、煩悩論としての視点からは、悲しみの中にささった怒りの矢をどのようにして抜くのか、という問題に具体化されます。それをコミュニティレベルで取り組んでゆく必要があるということです。

◆次の世代を育む力に

では、悲しみの中に刺さってしまった怒りの矢を抜き、罪悪感の矢を抜いて悲しむことができればどうなるのでしょう。それは思いやりに変わるのです。煩悩の矢を抜いて罪悪感がうまく抱きとめられると、失った人に対するよい想い出が復活して、人を思いやるあたたかくて優しい気持ちが再生します。もともとその人が大好きで思いやる気持ちが強かったからこそ、失ったときに悲しいのですから。こうして、悲しむ力が次の世代を育むことにつながっていくのではないかと思うのです。

仏教では誰かの世話をすることを、ウパッターナと言います。ウパ（近くに）、ターナ（立つ）ということが、ケアの本質です。それはつながることでもあり、そしてよりよく悲しめることがよりよく育むことになるということを、改めて仏教に鑑みて、サンガのレベルから取り組みなおす必要があるのではないかと考えました。そして、私は、これは人類の進化の問題に由来することだと思い当たりました。

人類は、ほ乳類として進化する戦略を選んできました。ほ乳類のなかでも特に人間の場合は、赤ちゃんを生物学的に未熟な状態で産み落とします。だから、ほかの動物に比べると子育てにすごく手間がかかる。授乳したり、オムツを替えたり、あやしたり。一年たってもまだよちよち歩きで、ちょっと言葉を覚えて。でも、ちゃんと言葉がしゃべれるようになって、自我が確立してくるのは三歳、四歳以降です。それでもその頃の記憶はぼんやりしていますよね。

未熟な状態で産んで手間ひまかけて、他の動物に食べられてしまう危険性を考えれば、どうしてそんな非効率的な道を選んだのでしょうか。一見すると非効率的に見える子育ては、実は大変濃密なケアで人を育んでいくことでもあります。両親や家庭だけではなくて、地域の、群れの力を借りてそうするのです。私たちはそうした大変濃密なケアシステムのなかで言語を獲得して、自我意識を育み、文化や技術に支えられた人間社会を作り上げることができたというわけです。

人間が未熟な状態で子どもを産み落として育てるというのは、群れの中で濃密に子育てして、言語や文化を獲得して生き残っていこうという戦略だったわけですね。そうした観点から考えて、今回の大震災のようなことを通して、私たちは悲しみのなかから何を学ぶか。悲しみのなかで自分の心に刺さった棘をどういうふうに抜いていくのか、ということがとても大切なテーマになってくると思っています。

◆仏教瞑想は見直されている

もう一つ、仏教瞑想の自己洞察やマインドフルネスのもつ重要性の問題があります。これは、

ＰＴＳＤ（心的外傷後ストレス障害）に関連するテーマです。トラウマと呼ばれる心の傷をもたらすような出来事があると、その後で記憶がよみがえろうとしても恐怖で思い出せなかったり、あるいは突然その記憶が侵入してきたり、過剰に覚醒してしまったりという状態に陥ることがあります。そのＰＴＳＤの治療のなかで一番効果があるのは、暴露法（エクスポージャー）と呼ばれる方法で、つらい記憶にもう一回向かい直していくような手法です。その作業を補助する形として呼吸法が教えられることが多いのですが、それが仏教のマインドフルネス瞑想を応用したものであったことが注目を集め始めました。マインドフルネスがＰＴＳＤ治療で重要な役割を果たすことが脳科学の見地から証明されてきたのです。これからＰＴＳＤの治療のなかに、マインドフルネス瞑想、仏教瞑想が入ってくるような時代がきます。

ＰＴＳＤの治療の専門家の方たちと話をしていて、印象深いことがありました。ＰＴＳＤのトラウマの治療が終わって、人格の統合性が回復して、止まっていた時間が流れ出すと、そのときに患者さんはさめざめと泣かれるのだそうです。「ＰＴＳＤが治ってさめざめと泣かれる患者さんの悲しみに対して、僕らはどうしていいか分からない」という意味のことを、その専門家の先生はおっしゃっていました。

ＰＴＳＤの問題とグリーフの問題というのは、重なり合うところはあっても、違うのです。ＰＴＳＤは自我の統合性にかかわるテーマ、グリーフは統合性が確立された自我が喪失に向かい合うテーマということができるのかもしれません。でも、現場ではそれらが絡み合って、非常に複雑なことが起こってくる。

神戸の震災のときには、ＰＴＳＤもグリーフも、まだはっきりと区別されませんでした。今回の震災におけるテーマの一つは、ＰＴＳＤとグリーフをそれぞれの視点から見つめて対応を考えてゆくことです。そうした視野から、東北という地域文化やそこに息づく伝統芸能や祭りを含めて総合的な心のケアの在り方を考えてゆく必要性があると思います。


これは先行研究の論文を翻訳していてハッとしたことですけれども、植民地支配のような形で乗っ取るタイプの復興支援をしてはならないと書かれていました。あくまでも現地の人たちが自分たちの力で乗り越えられるように、支援者は黒子として活動する必要があるのです。現地の人たちの必要（ニーズ）を知った上で、長期的なビジョンを持ってかかわるべきだと言われていて、まさにそうだと思いました。そうした黒子として、長い将来を見据えながらバックアップすることがどれだけできるか、それが問われていると思います。

もう一つ、仙台で在宅ケアをしている医師からの話ですけれども、自衛隊の方々にすごくストレスがかかっており、自死者の数が増えるのではないかという危惧です。こういう話は表には出ません。戦争に行くときは、仏教でいえば従軍僧、キリスト教でいうチャプレンが従軍します。殺し合いというストレスフルな状況で、儀式を含めて宗教的な何かが役に立つところがあるのです。善かれ悪しかれチャプレンや従軍僧がいて、そういう辛い場面に赴くのですが、その先生の話によると、今回の自衛隊は、従軍僧なしで、チャプレンなしで、まあ臨床心理士はいるでしょうが、現場に突入させてしまったのです。表には出てこないけれども、こういう問題に対してどういうふうにしたらいいんだろうね、という話をしたことがあります。

◆仏教を基盤にしたコミュニティづくりを

先ほどから、祈りの問題も出てきています。被災地でのご遺体のお世話にしても、本当はお坊さんたちがそういう現場でも率先してできる何かがあるような気がします。たとえば遺体安置所などでは、一般の方が遺体とか遺骨を確認する人たちのために、ボランティアをしている状況があります。警察が多いのですけれども、被災者の方の中には、自分がそういうことをしているということを家族に話せないケースもあるという話を聞いたりします。

そうした状況下で、仏教が復興支援におけるコミュニティづくりに何を提供できるかを考える必要があると思うのです。今回の大震災のような大きすぎる悲しみの中で、人と人とのつながりを作り上げる過程で、その悲しみの中から煩悩のとげを抜いて涙を流し、思い出を語り合える環境を提供することができるか、ということです。

鎌田　どうもありがとうございました。

ただならぬ現実を超えて提示するもの――――――対話

◆はらい清める水・すべてを押し流す水

鎌田　今、三人のパネリストの方々に「3・11」の出来事をふまえて、「仏教は社会に有用か」、そして今回のテーマであるサンガの問題について、話をしてもらいました。本来は、私は司会進行の役割に徹すべきなのですが、今日は司会進行者であると同時に、一人のパネリストとして、私自身もこの問題について自分自身の体験と思いを語ってみたいと思います。

三月一一日の一四時四六分に、僕は和歌山県の那智大社の那智大滝の前、飛瀧権現の前にいました。なぜそこにいたかというと、新宮市に「熊野学センター」という複合施設が作られるのですが、翌日の三月一二日に新宮市民に対して、設立趣旨説明も兼ねる第一回目のシンポジウムが開かれることになっていて、僕はその「熊野学センター」の展示専門委員をしているので、新宮市教育委員会主催のシンポジウムに呼ばれていたのです。

そこで、シンポジウムの前に熊野三山にきちんとお参りしてから行きたいと思って、那智勝浦町に降りて、那智の大滝を拝んで、そのあと、新宮から熊野本宮へ行って、熊野本宮大社を参拝しました。そして、熊野本宮で沖縄から来た映画監督の大重潤一郎さんと会ったのです。大重さんはNPO法人東京自由大学の副理事長でもありますが、「久高オデッセイ」という沖縄の久高島《くだかじま》の記録映画を一二年がかりで作っています。なぜそこで大重さんに会ったのかというと、ちょうど同じ三月一二日に、熊野本宮館では熊野学サミットのシンポジウムが行われる予定になっていて、その前日の一一日に大重さんを含めて、沖縄大学とか、久高島がある南城市の古謝《こざ》市長はじめ、総勢二〇名様一行が関空から熊野本宮入りしていたのです。そこで、同じ時期に招集されているのだから、一緒に熊野本宮で泊まって交流しようということになっていた。それで、僕は夕方五時に大重さんや沖縄大学の一行と合流して、そこで大重さんの口から、「鎌田さん、どうも大変なことが起こったようだ」という話を初めて聞いたのです。関西空港でも揺れたというんですから、大変なことが起こったらしいということでした。

そして、その夜、交流会は予定どおり行われて、一一時ぐらいに懇親会も全部終わって、自分の部屋に戻ってテレビをつけました。そうしたら、津波のシーンが出て、そのあと気仙沼の様子が出てきました。その気仙沼の様子を見た瞬間、宮崎駿監督の『風の谷のナウシカ』で、王蟲《オーム》という巨大な虫が暴動を起こして真っ赤になってダダーッとナウシカの方に向かって突進していく場面にあまりにも似ているので愕然としました。真っ暗い状態で赤い火だけがバアーッと燃えている、まさに今、『風の谷のナウシカ』を放送しているのかと思ったぐらいです。

それが、実は気仙沼がそれから三日三晩、タンクが燃え続けて炎上していった最初の夜だったわけです。

そして翌朝、新宮市長がやってきて、こういう大変な事態だからシンポジウムを中止したいと我々パネリストに言いました。なぜなら、新宮市は仙台市のすぐ南の仙台空港のある名取市と姉妹都市を結んでいる。「熊野学センター」をこれから市民に向けて説明しなければいけないけれども、それよりも、津波が押し寄せてきて大変な被害を受けた姉妹都市である名取市に対してどういう支援・サポートをしていくのか、市としてすぐさま対応策を講じなければいけない、というわけです。それでシンポジウムは中止になりました。しかし、JRはまったく動いていないので、僕たちは二時間以上かけて近鉄の駅まで送ってもらって、そこから京都まで戻った、というのが三月一二日のことでした。

僕は考え続けました。那智大社というのは、観音様の霊場で、西国三十三カ所という神仏習合の基軸をなす一番札所です。熊野の社は、本宮と新宮の二社が男性の社です。日本神話でいえば、本宮がスサノヲノミコト、新宮がイザナギノミ

コトの男神を祀り、那智がイザナミノミコトの女神を祀ります。そこはまた、熊野フスビの神ともいう水の神様を祀ります。

けれども、一方で、那智の大滝自身がご神体として尊崇され、そこで拝礼されてきた水が、もう一方では、海から津波となって押し寄せて、家々も集落も人々も呑み込み薙ぎ倒していった。このコントラストというか、両面性にどう折り合いをつければいいのか、という複雑で混乱した思いを持つと同時に、大地震や大津波が起こった瞬間に、那智の大滝の前にいたということに対して、これはいったい何なんだという問いかけがずっとあったのです。

そんな思いを抱えたまま、四月に京都大学のこころの未来研究センターで緊急に震災後の「こころの再生に向けて」というプロジェクトを立ち上げ、私が研究代表者になりました。そして、ともかく現地へ向かいました。五月二日から五日までの四日間をかけて、三五〇キロぐらい、名取の近くの空港の付近を出発点にして、仙台市若林地区から岩手県久慈市までの沿岸部を、石の聖地を撮影してきた須田郡司さんという写真家と二人で北上しました。途中、車の中で泊まりながら、沿岸部だけを見て歩きました。

僕は二〇歳ぐらいのときに、徳島県阿南市の実家が集中豪雨による山津波に飲み込まれて全壊したことがあるんですよ。徳島県下で一軒だけでした。壊滅した我が家を二〇歳のときに体験して、家を失った大変さ、その頃五〇歳くらいだった母親の大変さも見てきています。そういうなかで、自分自身は二〇歳でしたから、誤解を恐れずに言えば、ある種の解放感というか、よう分からん家のしがらみから解き放たれて、もう一つの新しいサイクルに入っていくというような感覚がありました。今から振り返れば。もちろんそれは、母親にとっては大変な試練であり、災難だったと思います。

そんなことがあるので、今回の津波の状況を見たときに、自分自身の過去の経験とある面でオーバーラップする部分がありました。しかしそれは最初のうちだけでした。来る日も来る日も四日間、ずっと全壊した集落を見続けて、こりゃ、大変だ、徳島県下の一軒だけと、東日本太平洋沿岸全域の何万軒もの家々と集落の全壊と、その規模とその被害の深刻さの絶対的な違いをいやというほど感じて、どんどん言葉を失っていきました。もう集落ごと一挙に津波で持って行かれていますから、特に沿岸部の小さい集落は全壊状態です。

来る日も来る日もそれを見続けていくと、最初は『般若心経』とか唱えて、いつも奉奏する法螺貝を吹いて鎮魂供養をしようとしていましたが、どんどんそういう儀式的なことがむなしくなるというか、自分でその儀式が持つ意味とか力が大事だと思っているにもかかわらず、こういう形で、ここで亡くなった何万人もの方々への供養が、この人たちの魂に本当に届くのだろうかという疑問と思いが募ってきて苦しくなってきたのです。

それで、非常に苦しくなって、だんだんとただ沈黙してたたずむしかなくなるんですね。法螺貝を吹けば吹くほどいたたまれなくなり、苦しくなる。法螺貝というのは招福除災の意味と力がありますから、魔を祓って福を招くということも意味されているけれど、そういうこと自体、儀式的なことを行うこと自体に懐疑が起こってくるんですよ。やればやるほど、その場にそぐわないんです。がれきの山の中では。ただたたずんで静かにしているというのか、どんどんそういう状態になって、僕自身が行方不明のようになりました。

もちろん私は行方不明者ではありません。帰ることもでき、身元もあり身体もあるので、行方不明ではないけれど、僕の魂は行方不明になったような状態でした。

一番自分にとって衝撃だったのは、朝の五時半頃、仙台市七ヶ浜町の岬の東の突端に、かつて猿田彦神社の宇治土公《うじとこ》貞明宮司さんたちと一緒に参拝に来た延喜式内社の鼻節《はなぶし》神社の海岸に立ったときです。この猿田彦の神様を祀っている神社にお参りして、海岸線のところへ行ってご来光を仰ぎました。そして海に向かって、ご来光に向かって法螺貝を吹き鳴らしました。普通ならば、そこで海に飛び込んで禊《みそぎ》をするんですよ。フンドシ一丁になって。ちょっと危険なところなんですが、無鉄砲な私は昔だったら間違いなく飛び込んで禊をしていたと思います。だけど、放射能の流出がどういう状態になっているか分からないこの海に、自分は飛び込むべきなのか、飛び込むべきでないのか、というようなことを一瞬思ったときに愕然としたのです。

そもそも、禊というのは、この山紫水明の日本、世界的に見ても非常に美しい生物多様性が担保された国において、海に行ったら海で、山に入ったら山で、川に行ったら川で、本当にきれいな自然の中の清流の水の流れの中で、いたるところで禊をする場所があった。でも今、私はここで禊をするかしまいか、躊躇するようなところに生きている。それはヘドロがたまってという、『千と千尋の神隠し』の腐れ神というようなレベルではなくて、もしかすると、何百年、何万年も残留するかもしれない放射性物質が残存する中で、本当に心身を浄化する禊というものをどうやってできるのか、ということを問うたときに、今まで過去、日本に伝わってきた神道の伝統の一角が、ガラガラッと音を立てて崩れたような衝撃がありました。この日本列島において、禊ができない場所があると思ってしまった瞬間に、何かが壊れた。そして、以来、大《おお》祓詞《はらえのことば》をあげるのが実に苦痛になり、次第にできなくなりました。

「高山《たかやま》の末《すえ》低山《ひきやま》の末《すえ》より　佐久那太理《さくなだり》に落《お》ち多岐《たき》つ　早川《はやかわ》の瀬《せ》に坐《ま》す　瀬織津比売《せおりつひめ》と伝《い》ふ神《かみ》
大海原《おおうなばら》に持出《もちい》でなむ　此《か》く持《も》ち出《い》で往《い》なば　荒潮《あらしほ》の潮《しほ》の八百道《やおあひ》の　八潮道《やしほじ》の潮《しほ》の八百曾《やほあひ》に坐《ま》す
速開都比売《はやあきつひめ》と伝《い》ふ神《かみ》　持《も》ち加加呑《かがの》みてむ　此《か》く加加呑《かがの》みてば　気吹戸《いぶきと》に坐《ま》す　気吹戸主《いぶきどぬし》と伝《い》ふ
神《かみ》　根国底国《ねのくにそこのくに》に　気吹放《いぶきはな》ちてむ　此《か》く気吹放《いぶきはな》ちてば　根国底国《ねのくにそこのくに》に坐《ま》す　速佐須良比売《はやさすらひめ》と伝《い》ふ神《かみ》
持《も》ち佐須良比《さすらひ》　失《うしな》ひてむ　此《か》く佐須良比《さすらひ》　失《うしな》ひては今日《けふ》より始《はじ》めて罪《つみ》と伝《い》ふ罪《つみ》は在《あ》らじと　祓《はら》
へ給《たま》ひ清《きよ》め給《たま》ふ事《こと》を　天《あま》つ神國《かみくに》つ神《かみ》　八百萬神等共《やほよろづのかみたちとも》に　聞《き》こし食《め》せと白《まを》す」。

大祓詞とは、こういう祝詞《のりと》なんですね。後半部は、高い山、低い山から流れ落ちてくるようにきれいな水がダアーッと一気に落ちてくる、この水の流れの中で、たとえそこに罪汚れがあったとしても、その自然のきれいな水で流してくれますよ、と唱えるわけですね。瀬織津比売《せおりつひめ》という神様、この神様は遠野の早池峰《はやちね》に祀られている神様です。その美しい姫神様が海に持っていってくれますよ。此く川を流れてきても、川の向こうの大海原では速開都比売《はやあきつひめ》の神様が抱き取ってくれますよ。そして、気吹戸主《いぶきどぬし》という神様がその大いなる息吹の力でパアーッと息吹き放って、大自然の中に溶かしてくれますよ。そして、速佐須良比売《はやさすらひめ》という神が持ちさすらって、そしてその罪汚れもこの自然界の中ですべてサアーッと消し去り消尽していきますよ。このようにして、天《あま》つ神と國《くに》つ神が協力して罪汚れをはらい清めて、リセットして、元の清らかな無垢な状態に戻るんですよ。これが、この大祓詞の意味とコスモロジーなんです。とりわけ後半の部分が象徴的ですね。

これまで私のなかではこの大祓詞というのは、アンビバレンツ、二律背反なところがありました。前半は天から降りてきた神様がアニミズム的な神々を制圧し、地上を平定するという内容で、後半は美しい自然界の大循環が大らかに謳われている。しかし、それが今は速佐須良比売が持ちさらっていたものが、今度は海の方から真っ黒な高波になって、一五メートルぐらいの壁になってダアーッと沿岸部数百キロにわたって押し寄せてきた。これは地殻変動やプレート運動で、何百年、何千年単位で必ず起こる現象とはいえ、そういう場面で人間がそこで生きている、その人間の生き方を変えるほどの大きい出来事だったと思います。あまつさえ、原発の爆発による放射性物質の放散は何万年単位で浄化サイクルを破壊している。

そんななかで、どのようにしてこの大祓詞を唱え続けることができるのか?

その言葉の意味をそれから考え続けていて、これをこの現地で唱えることはできないとはっきり思いました。だからそれ以来、被災地区で大祓詞を私はあげられません。うちへ帰ったら、うちでは今、あげていますけれども、被災地区で、私たちが大いなる水の循環の中にあって罪汚れも全部祓い清められていくのだというようなことを、そのままそこで私は唱えることができない。でも、「色即是空」の哲学を主張する『般若心経』だけはかろうじて唱えることができました。

私は神仏習合フリーランス神主ですから、別にアーメンでもアラーアクバルでもオンマニペメフムでも何でもいいんですけれど、祈りの言葉や各種真言はとても大事だと思っているんですよ。けれど、その意味性がやっぱりあるんですね。そこの場に適合する意味性を感じられないと、きちんと思いを持って深く入っていくことができません。だから、僕のなかではもう大祓詞は力を失ったんです、少なくとも現地では。

そういうようなことがあって、私のなかで、今まで自分のなかに生きていた神道のある一角が壊れたと間違いなく言えると思います。

それでそのあと、じゃあ、その壊れたものをどう再建できるのかが課題で、その次の探求がそこから始まっているんですが、だけど、答えがはっきりと見出せているわけではない。

◆すべてが崩壊したところからの再生蘇生のために

そうこうしているうちに、二〇一一年九月二、三、四日にかけて台風一二号がやって来たんですよ。続いて九月一一、一二日にかけて台風一五号が太平洋沿岸を直撃しました。東京でも三月一一日に帰宅難民を経験された方が多かったと思われますが、また震災と同じような事態が、再現されるかのようなことが起こった。

特に台風一五号は再度被災地を直撃したのです。東北地方の被災地区は本当に大変で、地震に見舞われ、台風に見舞われて、非常に大きい打撃を受け続けたんですが、このとき、「3・11」からちょうど半年後に、私が三月一一日にお参りしていた那智の大滝も大きな打撃を受けました。滝の前の拝む場所が、ガアーッと崩れ落ちた。普通でも、熊野は雨の多いところなんですが、大台ヶ原辺りでも集中豪雨で総雨量が一〇〇〇ミリを越えるということはほとんどないんです。だけど、台風一二号が四国中国地方に停滞している間、紀伊半島の山岳地帯では三日間強い雨が降り続いて、総雨量は二〇〇〇ミリを越えた。二倍以上です。あるところでは三倍ぐらいの雨量でした。それが一挙にガアーッと山を下り、川に入りました。そして山は、ゴオーッと地鳴りを発しながら地層の深いところから崩れる深層崩壊をしていきました。この一帯で一六〇カ所も崩れたんです。
私がしょっちゅう通っている奈良県の天河大辨財天社の神社の回り五〇〇メートルの範囲でも三カ所も深層崩壊しているのです。そして、天河神社から熊野本宮や、新宮速玉大社に行く幹線道路がある、そのルートをたどらないと熊野へ抜けていけないんです。熊野からさらに奈良、大和へ抜けていくためにもそこを通らなければいけない。その幹線道路が分断されて、大塔村は孤立状態、島のような状態になった。海の津波は一回引いたら陸はまた元に戻って、土手は崩れても、迂回路を作ることによって隣の町や集落とつながることができるんです。でも、山ではすぐには迂回路ができません。土砂が一回崩れて杉林が深層崩壊したら、これを取り除かなければいけません。でも、取り除いても深層崩壊している斜面はえぐられているので、いつ何時崩れてくるかもしれません。それを補修しながら取り除いていくという作業は、本当に気の遠くなるような大規模な作業です。

東日本大震災と津波で一番被害の大きかった都市が、東北では石巻市と陸前高田市です。陸前高田は湾の奥に津波が集中し壊滅状態になったのですが、湾の入り口にある岬の突端にひょうたんのくびれのようになった地区があり、津波被災直後、完全に孤立した状態になりました。その広田地区の中心をなす慈恩寺というお寺があって、五月にそこへ行きました。そのお寺で聞いたことと、天河大辨財天社の柿坂《かきさか》神酒之祐《みきのすけ》宮司さんから聞いたことがほとんど同じことだったので驚きました。海の津波の被害と山津波の被害の話がほとんど同じだったのです。

広田地区は胴がくびれたひょうたんの先端のようになっているところなので、くびれの両方から一挙に波が押し寄せました。そして、低く平たんになってくびれているところで合流しました。ここで波がぶつかって渦を巻いて、ゴオーッと何十、何百メートルと、竜巻のようになって、空に昇っていったというのです。それを地区の人たちは「こんなことがあるのか」と呆然たる思いで見ていたというのです。そしてその後、広田地区は半島から切れて、三日間ほど、完全に孤立した島状態になりました。

一方、天河大辨財天社は天ノ川沿いにあります。その川は熊野灘に流れ込んでいく川ですが、この天ノ川が途中から十津川村に入ると十津川という名前に変わり、和歌山県に入ると熊野川になります。だから、天ノ川は熊野川の源流になる川です。その天ノ川の下流が深層崩壊をして、せき止められてしまいました。そこへダアーッと二〇〇〇ミリの雨量が流れ込んでいったのですが、せき止められてしまったところで流れが止まってワーッと逆流してきます。逆流してきた水は途中のL字型にカーブしているところで上流からの流れとぶつかったんです。そこには、もう一本、坪ノ内谷川という川が流れ込んでいるのですが、そこの斜面がまた深層崩壊して、土砂崩れで五メートルぐらい高くなったグラウンド状態の上を水がドオーッと流れてきましたから、そこで三つの流れが三つどもえになってぶつかって渦を巻いて、跳ね上がった。それを本当にグウーッと巻いて、山を越すぐらいまで高く天上に昇っていったというのです。

地元の西岡さんという人が見ていたんです。

ですので、東日本大震災で起こったことと、西日本の近畿地方一帯の台風一二号の直撃で起こった事態には共通点がありました。そしてさらに台風一五号が西日本から東北の被災地を直撃して、被害が倍加したところも結構ありました。天河も台風一五号でさらに大きな被害を受けました。

そういうわけで、今回の東西日本の被害というのは、僕のなかでは同じような部分を含んでいて、家の流出の仕方なども、本当に東日本大震災のがれきの山を見るのと変わらないような状況を、近畿一帯でも経験しました。


僕は東日本大震災の跡地に行ったときに、当事者でないという苦しみと、今まで背負ってきた、担ってきたものが壊れたという苦しみの両方を受け止めて、非常に苦しい思いをしましたが、天河ではもう何か頭をかち割られたような、もう何もかもなくなってしまって木っ端みじんになってしまったような状態でした。那智の滝から天河まで、僕が一番大事に思って、何百回も通っていたようなところが崩れ去り、天河でも土砂崩れの上に社務所は床上浸水、もう床なんかボロボロです。こんな状況は、歴史始まって以来だと柿坂宮司さんが言っていましたが、本当にそうだと思います。そういうような状況のなかでいたものですから、私自身が今まで大事にしていたもののことごとくが、この半年間で、目に見える形で、崩壊していきました。

私の最初の本は『水神伝説』という水の神の神話や伝説を物語化した本です。一言でいえば、水が命の元だ、水の霊性を大事にして生きろ、という物語です。そんな私が大事にしていたもののことごとくが崩壊したという事態が起こった。二〇歳のときに私の実家が集中豪雨で全壊したときに一つの解放感があったと言いましたけれども、もうこれ以上なくなるものはないと思ったら、もうあきらめたというか、もう底の底まで来たならば、ここから先をもうゼロからやるしかないという、ある種、こだわりや我執が消えたような状態になった。

東日本の方へ行ったときは、苦しくて苦しくてたまりませんでしたけれど、那智大社と天河が洪水で被害を受けたときは、僕は完全に自分も当事者だと思いました。自分が長い間ずっと通ってきた天河、だからもちろん、ボランティアにも入りました。だけど、そのときに大きく変わったわけですね。苦しみを越えて、もうやるしかない、ここを生き抜いていくしかないという思い。だから、本当の意味でスタートラインに立ったのは、九月になって、三月の大震災からすれば半年たって、僕自身、やっと次の段階へスタートラインに立って一歩を踏み出していくことになりました。

じゃあ、そのときにどういう一歩が踏み出せるのかといったときに、一つの手がかりが、この前鎌倉宮でありました。天河は南北朝の南朝の拠点地ですが、鎌倉宮はその南朝方の後醍醐天皇の皇子である護良《もりよし》親王の霊を祀っている神社です。大塔宮《だいとうのみや》とも言います。そこで、宮城県石巻市雄勝町の国指定重要無形民俗文化財の「雄勝法印神楽」が二〇一一年一〇月九日に演じられました。私はそのときに見に行って、それから震災直後の五月の連休に行ったのと同じ三百数十キロのコースを一〇月一一、一二、一三日の三日間かけて再びたどりました。これはある意味では私にとってはリハビリみたいな部分もありましたが、被災地の復興がどういう形で進んでいるかをこれから半年に一回、定点観測しようと決めて、確認作業を始めたのです。

そこで、再び写真家の須田郡司さんと二人で同じコースを歩いて、この前会った人やそれ以外の人にもいろいろな話を聞いて、半年後に起こっている問題とか、どういう状態になっているのかを検分しました。ハード面の復興と、心のソフト面の、あるいは文化面の復興は、どういうふうに連携しながら進んでいるのか。それを見届けながら、支援できるならば支援できるところを探っていきたいという思いで行動開始したわけです。

そして、今回、「仏教は社会に有用か」という問いを問いかけているのですが、サンガの問題は仏道修行者共同体の問題であると同時に、この全滅した地域のコミュニティ再生の問題がやっぱりからんでくるわけです。神道にとってもコミュニティの問題は重要で、神社は地域のセンターでもありますから、そのコミュニティのなかで地域の伝統芸能などとどうかかわっていくか、また今後仮設住宅など地域の暮らしはどういうふうになっていくのか。津波被害を受けて、集落を同じところに再建することができない地域があります。海抜ゼロメートル地帯など、絶対にそこにはもう戻れません。もちろん、福島の原発地域にいたっては、元に戻ることは何十年以上できないでしょう。そういうところを抱えながら、じゃあどういう再建が可能か、次の生き延びていく道をたどることができるのか。そういうことを通じて仏教の力が問われているると同時に、日本に伝統的にあった神道の底力も本当に今問われています。

しかし、ある意味でうれしいことは、日本が仏教をこれだけ深く受け入れていて本当によかったな、とつくづく思っています。これが神道だけだったら、心が折れていた。神道は自然への畏怖畏敬に始まり、それに終わると言ってもいい部分があるわけですけれど、でも、心の世界の中に深く入り込んでくる仏教と、目に見える外界にある、自然の中にある魂を大事にしてきた神道の両極があることによって、日本の立体性というのか、厚みというものが生まれてきた。この二つがもう一回、お互いに力を与え合い、補完し合う構造が生まれてきたならば、次の再生への道もあり得るのではないかというのが私の期待であり、そうするしかないのではないかという思いがあります。

支離滅裂ですが、司会者をかなぐり捨てて、一人の臨時追加パネリストとして話させて頂きました。

◆様々な形の学道集団ができればいい

藤田　多分、それぞれにこの震災とか、僕らが今年目撃している自然災害、原発のような人災も含めてですけど、やっぱりなんらかの形で人にしゃべって処理しないことには、多分前に進まないのではないかなと。それぞれその災害、人災、天災に、距離感は人によって違うでしょうけど、やっぱりそれぞれの人がそれぞれの言葉で語ることによって、何とか自分のなかに納めていかないことには地に足がつかないような状態になっているのではないかと思います。これは時間がかかると思いますが、その一例が鎌田さんではないかと（笑）。

人間のちっぽけさというのは、今回本当に思い知らされたと思いますけど、そういうものが人間ですから、仏教で言うと、業の結果として、人間として、この時代この場所に、こういう形で生まれてきているわけですよね。それを宿業《しゅくごう》というわけです。仏教というのは、人間の存在、なぜ私はここにいるのか、というのを、こういう形でとらえるわけです。

これは、運命論ではなくて、ここから立ち上がっていく、ということだと思うんですね。宿業に押しつぶされるのではなくて、それを引き受けて立ち上がっていくということ。引き受けないことにはしっかり立ち上がって歩いていけない。

何が起きるか分からないのがこの世の定めということで、僕は『方丈記』が好きで今も読み返しているところなんですけど、『方丈記』にもそういう状態が書かれていますよね。あれは、一つの宿業の自覚の仕方だと思いますが、何が起きるか分からないような定めのこの世の中に、宿業によって生まれてきた自分という自覚から出発しているんです。

我々は、それをなるべく見たくない、認めたくない、それを避けるためにいろいろな「堤防」を回りに築き上げて、できたらスーパー堤防にあたるような、何が来ても大丈夫みたいなものを作って、何も起きないように、あるいは起きてもコントロールできるような範囲で収めようというようなことで、文明とか科学技術とかというものに磨きをかけてきていると思うんです。それでも、やはり本質的に人間というのは弱いというか、傷つきやすい、ヴァルネラブル、隙だらけなものですから、あらゆる努力にもかかわらず、起きることは起きてしまうということです。ですから、一時的には落ち込むかもしれないけど、それを糧にして、それをバネにして、もう一回立ち上がって歩み続けられるような、そういうしなやかでかつしたたかな身と心でありたいわけです。

それから、やっぱり環境も大事なんですよね。仏教の見方というのは、人間が身と心だけでできているのではなくて、環境とセットになって存在しているという見方をしていて、たとえば、この宿業という見方も、僕らは何かの報いとして生まれてきているんですけど、仏教ではこの報いに二つあって、正報《しょうほう》と依報《えほう》と言いますが、正報は身のこと、依報は環境のことです。これはいつもセットになって考えられているんです。我々を取り巻く環境世界、これを別な言い方だと器世間《きせけん》というわけですね。自分を盛る器になっているような世間、世界があるという見方なんですけどね。

これは、ある限定条件の範囲の中ですけど、人間で変えていける。宿業を引き受けて、その宿業を解脱の原材料にして変えていける。だから、仏教は決定論的な宿命論ではないんです。修行というのは、そういうことを教えているわけです。

鎌田さんが今回、「3・11」という言い方で言われましたけど、「3・11後」、「ポスト3・11」の状況で仏教を考えたときには、そういうふうにとらえてみたらどうかなと思うわけです。粘り腰というか、粘り強くというのか、何が起きても大丈夫なんだけど、その大丈夫さがまわりに囲いを作るような硬いものではなくて、開かれていて柔軟な大丈夫さですね。

もちろん、この大丈夫さのなかには、死ぬべきときには安らかに死んでいける、ということも入っているんですよ。病気のときは病気する仕方、それから、老いるときには老いる仕方。でないと、生老病死という人間のコントロールできないものにぶつかったときの大丈夫さには、僕らのでっちあげた硬い大丈夫さなど通用しなくなるわけです。

ですから、そういう仏教的な意味での大丈夫さ、そういうことを自分の課題として、それは放っておいたらそうなるわけではなくて、やっぱり学んで身につけていくしかない。それを個人で単発的にやるんじゃなくて、伝統というのがありますし、その伝統を体現している師、先生にあたる人もいれば、仲間もいます。もちろん書物もある。

つい先日、僕は石川県の永光寺、羽咋というところにある曹洞宗の名刹へ、外国のお坊さんたちが修行しているので講義をしに行ったんですけど、すごく癒される空間でした。そこで学道の在り方の話をしたんですね。「身心学道」という『正法眼蔵』のなかにある巻をテキストにして話したんです。修行というものを先ほどお話ししたようなサンガという文脈のなかでやっていく、ということです。

このサンガということも、狭い意味ではお坊さんの共同体ということなんですけど、これからのサンガというのは、もっと広くとらえて、出家も在家も対等に含めて、仏道修行という目的を同じくする人たちの集まりというふうに、もっと緩やかに考えた方がいいのではないか。そして、必ずしもサンガの場というのは、修行道場とかそういうことに限定していくのではなくて、それぞれ家庭を持った形でもできるのではないか。これから斬新な発想で構想されるべき新しいサンガの在り方というのがあるのではないか。

そのサンガの特徴ということで言えば、サンガのメンバーとなっても、やはり煩悩とか、欲望とかというのは自動的になくなるわけではなくて、ただ、そのサンガの外では欲望とか煩悩を前提にした生き方なんですけど、サンガの中に入ったら、目的を同じくするということ。煩悩に引きずり回されるのではなくて、煩悩を生かしながら生きるというのかな。僕の師匠が言ってたことは、お坊さんになっても煩悩がなくなるのではないぞと。煩悩が、彼の言い方ですと、明るく輝くようになるよと。煩悩が明るく輝くような生き方をする、というふうに決意した人がお坊さんなんだというふうに師匠に言われました。当時は、煩悩が明るく輝くというのは、よく意味が分かりませんでしたけれども、今は少しは分かるかなという感じがします。

普通の人は、煩悩って悪い意味というか、何とか自分から遠ざけたい、削除対象としてあって、それは暗くて重いものなんだけど、菩薩というのは、その煩悩をエネルギーにして、それを燃料にして活動するんだというような意味だと思います。

ですから、サンガに入るというのは、もちろん学道をするわけですけど、それは単なる個人的な救済のためだけではなくて、ある種の使命を帯びてくるわけですよね。菩薩という言い方が一番適当だと思います。菩薩は、自分の学道と、それと表裏一体で衆生の救済という使命を引き受けた人なんですよね。その二つは別物ではないんです。すべてがつながっていますので。宮沢賢治ではないですが、世界全体が幸せにならないうちは、私は幸せにならないのではなくて、幸せになれないということですね。個人的な救済を考えても、それは全体との関係でしか想定できないような、そういう認識に立ってやっている人なんですね。

やはり、仏教がリアルなものとしてこの現実の世界のなかに形を取るためには、やっぱりサンガという形をとらざるを得ないし、そういう形をとる必要があると僕は思います。

僕は海外でよく話をすることがありますが、西洋で仏教に興味を持つ人たちというのは、個人的な救済というもの、個人のスピリチュアリティーの追求という言い方ができると思いますけど、それへの関心が強いんですね。非常に熱心ではあるけれども、それはある言い方をすると、非常に小乗仏教的で、個人主義的なところがあるわけです。だから、熱心なことはいいんですけど、その熱心さが個人主義的な熱心さのままでは、禅の本来的なところには行き着かない。その熱心さがかえって邪魔しているというようなことすらあり得るので、単に仏教ファンで終わらないで、ちゃんとした仏教者になるためには、そこを何とかしなければいけない。サンガを作っていくということは、個人主義的な関心で、あるいは仏教ファン的なマインドで集まってきた人たちが、どうやって真の仏教者へと成長していくかという、そういう集団づくりなんです。単に熱心な人が集まっているというだけではなくて、そこに共同体づくりみたいなものが必要になってくるのではないか。大事なことは、サンガというのは単なるサロンでもないし、クラブでもなくて、自立した人が目的を同じくして、お互いにサポートし合っているような、そういう集まりであるべきなんですよね。

これは課題としては簡単にはいかないことだけど、それを各自がやっていくという形で、それも大事な修行の一環、それが修行だという、そういう場づくり、人のつながりづくりというビジョンを、持っていかないといけないのではないかなと僕は思っています。

僕もサンガの中で学ばせて頂いたのですが、そういうサンガづくりということも、それはいろいろな形があっていいと思います。だから、この東京自由大学も一つのサンガかもしれないですね。継続的な、もっと具体的な学び合い、分かち合いのチャンネルというものができていけば、東京自由大学は立派にサンガだと僕は思います。どんどんそういう形で充実していって頂きたいと思うし、規模もこういうシンポジウムのような大きなものから、それこそ読書会とか、勉強会とか、あるいは坐禅会という形で生まれて展開していけばいいし、クリエイティブに各自で試行錯誤しながら形成していく。そういう草の根的な大小のサンガが、あちこちにできていくというのが、僕としては一つの未来の希望ではないかなと思っています。

気をつけなければいけないもう一つのことは、閉鎖的な特殊階級になってしまってはいけない、ということです。どうもそういう傾向がある。内向きの特権階級みたいな集団意識を形成してしまっているようなこともあるので、やはり仏や法に学びながら、自己吟味というものを忘れないようにしながらやっていくということですよね。

今、言ったようなことを、もし自分たちの課題としてやっていくなかで、大きな学びになっていくというのはじゅうぶん可能性がある。そういうときには、やっぱり長年このサンガというものが生き延びてきて、二千五百年以上を存在させ続けてきた仏教というものの、本当に素晴らしさというものが実感できるのではないかなと思います。

鎌田　ありがとうございます。では、西川さん。

◆個人を縛るものではなく解放された世界を体験するために

西川　僕は子どもの頃から「人間五十年」という認識でやってきて、五〇代に入ってから、だいぶ小乗的になっておりまして(笑)、自分がどうやって霊界を歩み通すかということが第一の関心事になっていました。でも今回、こういう事態になったら、やっぱりそれではいけないというふうに思い返しているところです。

鎌田先生から、日本に神道と仏教、両方あってよかったという話が先ほどありました。神道が生命的で清らかな世界ですね。仏教には心の深みを追求していくという特徴があると思います。今、一般の心理学というのは、深層心理学は別として、人間の行動とか表情とか、身体に現れたものを通して心を推測・探求しようとしている。

ところが、瞑想すれば心自体が見えてくるといいましょうか、じかに把握できる。そういうことを仏教は、唯識・瑜伽行《ゆがぎょう》派などがやってきたわけですから、悲しみとか苦しみとか、もっと深い次元で根本まで探っていけると思います。

それから、藤田先生から煩悩の話がありました。煩悩即菩提と言いますが、たとえば『般若理趣経』では「大欲は清浄なることを得て、大安楽と富饒とあり」、「菩薩たちは欲情を清めて、安楽と富を得る」。『法華経』普門品《ふもんぼん》にも、滅除煩悩燄《めつじょぼんのうえん》とありますね。観音力を念ずれば、煩悩の炎が滅除される。何か尊いもの、清らかなもの、崇高なもの、もしくは浄土に思いを持っていけば、そのとき煩悩は消える。自分の煩悩を見つめて反省して、自ら消そうとしても、なかなか消えないかもしれません。ところが、もっと宇宙的なところに思いを持っていけば、そのときには自分の煩悩からは関心が離れている。読経や禅定・瞑想を通して、このような体験ができる。

業・カルマの話もありました。今、自分や自分たちがどういうふうに生きているかを、業ということから理解し、納得しようとする立場ですね。この思想がなかったら、今の自分の状況を納得することは難しいと思います。学びや瞑想によって直観や霊感を磨かないと、なかなか本当には業を把握しにくいように思われますが、もともと皆さんの直観は冴えていて、むしろ直観で真相を把握できる方が普通なんであって、間違う方がどこか思いが曇っているといいましょうか、ずれている。正しい直観というのは、心が真っすぐで、ゆがんだ欲さえなければ、正確に機能すると思います。

この業が、過去から来た業であると同時に、未来を作る業でもありますね。そうなると、僕もこの春以降なかなか元気が出てこないんですけれど、それでも何かをやっていることは、カルマ的に結果を生んでいくんだから、自分がこれがよいと思うことをやっていくのがよいはずです。

今、宗教思想や神仏は好きだけど、宗教教団は敬遠したいという人が大勢います。もう宗派ごとの結束とか、そういう時代ではないですね。個人個人、個性的な思想を持ちながら、共通の学びのために集まる。複数のサンガに参加も可能でしょう。サンガ内の個々人の自由が第一に尊重される。サンガが個人を縛るのではなくて、そこでは世間よりももっと解放された世界を体験できるといいなと思います。

そのサンガの中には、亡くなった方も参加可能。特に今回のような災害で亡くなられた場合、病気で衰弱してなくなるのとは違った感覚を魂は持つように思います。一瞬のうちに命を奪われて、まだ若かった方もたくさんいらっしゃいますよね。そうすると、普通以上に大きな使命といいましょうか、大きな仕事をもって天に向かわれたようなことがあるかもしれない。そういう方々は、地上に残った僕らにいろいろな見通しや勇気を送ってくれると思います。

再来年（二〇一三年）、伊勢神宮の式年遷宮がありますね。それが予定されているということは、二〇一二年は日本は大丈夫かな。

鎌田　では、次に、井上さん、お願いします。

◆仏教が具体的な現場でサバイバルできるか試されている

井上　仏教や神道の儀礼があり、そこにさまざまな歌や踊りを奉納する人もいます。被災地では月命日などの慰霊祭が行われ続けます。そういう儀礼のなかに語りの部分、個々人が自分の気持ちを物語るナラティブの部分がうまく組み入れられていくことが大切だと思います。

東北地方のエートス、精神的な特徴があります。仮設住宅で「何か困っていることがあったら、お手伝いさせて頂けますか？」と言うと、かならず「大丈夫、心配してくださってありがとうございます」という答えが返ってきます。困難やニーズを口に出して言わない、我慢してしまうという精神的な風土のなかで、どうしたら仏教や心理療法の知恵やアプローチを持ち込めるのか、すでにある形で根付いているものを生かしていけるか、という視点です。

葬式仏教と言われていますけれども、葬式仏教には本質的に優れた形式があるわけで、それに魂を取り戻す必要性もあります。戒名の問題も含めて。各宗教における葬儀の形式とその本質が公開されていくことが必要でしょう。たとえば戒名をつける意味。それは本来、お寺でお金を出してつけてもらわなければいけないものだったのでしょうか。思い切った言い方をすれば、お坊さんなしで葬式ができるような知恵をもつくらいの宗教消費者になってほしいと思います。その上で、お坊さんが信頼されているならば、仏教は残るでしょうし、元来仏教とはそういうものだったのではないかと思います。

被災地に行きますと、戒名料に関する愚痴のようなものを耳にすることがあります。一律三〇万円ということで結構クールに押しつけてくるお寺もあれば、あるいは別なお寺では、避難所としてお寺を開放して戒名料などのお金はできたらでいいというところもあって、だいぶ格差があります。それを聞いて私は、仏教関係で義援金がたくさん集まったのだから、その義援金を上手に使って、戒名料なしで葬式を出してあげられるようなお金の使い方を、何で仏教サイドは考えないいん

だろうかなと思ったわけです。

また、視察に入ったとき、南三陸町で太鼓を失った方に出会いました。個人のボランティアセンターで「心のケアで何かできることがありますか」と聞いたら、太鼓の話が出てきました。何だろうと思って尋ねてみますと、その地域は何十年に一回は大きな津波が来ますから、その人も五〇年ほど前のチリ沖津波のときに全部失う体験をしたそうです。人によると、第二次世界大戦、チリ沖津波、何回かすべてを失う体験をしている人が結構いるようです。それで、チリ沖の津波のあとで、津波復興音頭という創作太鼓を作ったのだそうです。それを子どもたちに伝えることが彼の生きがいでした。津波の翌日に太鼓隊の子どもが生きて帰ってくるのをみて「ああ、これで太鼓が伝えられる」と思った。でも、太鼓が流されてしまってない。だから、太鼓を何とかしてほしいということでした。私は高野山に戻って、お山の人に相談したら、協力してくださることになり、太鼓セットの贈呈式をすることができました。

その津波復興音頭という太鼓をたたきながら、みんなで一緒にたくさんの汗と涙を流しながらさまざまな思いが消化できるでしょうし、さらにみんなの語りのきっかけになると思います。そうした形で、神楽などの伝統芸能を含めて、慰霊祭のなかに一緒に悲しむこと、語りながら涙が流せる環境を、仏教は黒子として提供できるのかが問われているような気がしています。

被災地を訪れて、私はもう泣くしかないなと思って、車を止めて何回か泣きましたが、ふと思ったのは、現地の被災者の方は泣けないのかもしれないということでした。泣ける私は幸せなのだということです。そしてふと思ったのは、沖縄のことです。沖縄に米軍が上陸作戦を展開したとき、南海岸は海が死体と血で染まって、それを見た人はもう海が見られないほどのトラウマを受けたという話を聞いたことがあります。津波のとき、次の日は非常に静かな海で、あまりに静かな海を見たら、もう何か変な、不思議な気持ちになったという被災者の話を避難所で聞きながら一緒に海を見つめたことがありました。その海と、戦争の血で染まった、死体で埋まった海を見た沖縄の人たちの気持ちと、どうつなぐんだと自分に問うたのです。

やっぱり第二次世界大戦後の復興における問題です。そこでやり残してきたもの、社会的な制度づくりとしてやり残してきたもの、物質的復興の陰で置き忘れてきたもの、そのなかで失ってきたさまざまなよい伝統、こうしたことが問われているのだと思いました。

今回の大震災の復興の過程で、第二次世界大戦の戦後処理と復興のなかでやり残してきたものや失ってしまったものを、もう一回しっかり見直してゆくことが、亡くなった人々の慰霊につながっていくのではないかというような気がしています。

藤田一照さんの話にもありましたけれども、西洋仏教では、エンゲージド・ブッディズムが盛んです。ティク・ナット・ハンというベトナムの禅僧が、ベトナム戦争のときに戦時下にあっていかに社会に関わっていく仏教を生きられるか、という取り組みをして生まれてきた実践です。それが西洋に伝わって、ソーシャリー・エンゲージド・ブッディズムと呼ばれています。その実践の一つに、アウシュビッツの強制収容所跡地に行って瞑想と分かち合いによる証言のリトリートがあります。深い祈りや瞑想と、その体験を言葉にして分かち合うことによって、それぞれが平和や葛藤解決への道を見出す努力を共にする試みです。今はルワンダでも行っているようです。

日本でも本当に社会に参画して構造的な変化をもたらすような仏教の実践をできるかどうか、が問われているのではないかと思います。今のこの状況のなかで、仏教者たちが他の宗教者たちと手を取り合いながら、新しい形の信仰や知恵、そして思いやりにつながるような宗教的実践の在り方を見出してゆくことが大切だと思います。

具体的な問題の一つとして、今仮設住宅に入った人が、二、三年後ぐらいに自立していかなければいけない時期が来ます。被災地の社会福祉協議会や行政の人たちの話を聞くと、そのときに仮設住宅を出て自分の家を建てて生きていかなければいけないことへの不安の裏返しとして、怒りが出てくるだろうことを危惧する声がありました。災害復興支援における怒りのコントロールの問題はとても難しいものです。特に人災の場合にはそれが大きい。行政の立場から押さえればいいという問題ではありません。

最近、文化人類学者の上田紀行さんが慈悲の怒りということを言っています。怒りというのは、社会的正義のために上手に使わなくてはいけないけれども、正義感のなかにある怒りに無知覚でいると、今度はそれが罪悪感になって、自分を責める、自分の魂が傷ついてしまうという問題があります。そうした復興過程で出てくる怒りを、よい意味での自己成長と社会変革のために使いこなしていけるように、仏教は怒りや悲しみに関して、もっと具体的なスキルを含めた支援ができたらいいだろうと思います。そうしたときに、「本当に悟りってあるの？　解脱した人っているの？」ということが問われるのではないでしょうか。

以前に、最終の解脱の段階に入ると、超越されるものが三つあるという話をしました。一つは有身見《うしんけん》といって、「この身体は自分の持ち物だ」という思い込みに気づき、手放せるということです。有身見が超越されると、今ここで生かされているということがどれだけありがたいことで、いつ死んでもおかしくないということが分かります。その思い込みに気づくときには、思わず冷や汗が流れるくらいの不安や恐怖を体験することがあります。それゆえ、終末期で死の恐怖に直面している人々などに寄り添うことができるようになります。

二番目は戒禁取見《かいごんしゅけん》といって、社会的宗教的な儀礼や慣習の束縛から解放されることがあります。冠婚葬祭から自由になり、その本質を理解し、必要に応じて創造できるようになります。今被災地で問われている、葬式や慰霊祭や失ってしまった位牌や過去帳などの問題にどう取り組んでいったらよいのかの羅針盤が得られるということです。

三番目が疑いの超越で、本当の自己信頼の獲得です。一照さんの話のなかで、いくら準備しても、想定外のことは起こるということがありました。そうしたときに、外の権威に頼るのではなくて、自分の感覚を頼って創造的に試行錯誤ができるための基盤です。自己信頼を培うってどういうことか、そういうときに仏性の問題、仏の本質が自らの中で問われるのではないかなと思います。

だからある意味で、悟りとか解脱が本当にあるのか、復興支援に対して具体的に何が提供できるのかを通して値踏みがされるような状況なのかもしれません。具体的な現場に置かれたとき、そこでサバイバルできる仏教者がどれぐらいいるのかという問題です。意外と若い人たちも現地に入って、頑張っている仏教者たちもいますので、新しい動きが出てきて、日本仏教が活性化しないこともないかなという気もします。

そういう具体的な実践の場に生かせる伝統的な修行の力を伝えていくこと、あるいは後方支援として情報を提供していくことを考え続けていきたいと思っています。

◆サンガ的な共同性をもったコミュニティの形成

鎌田 ありがとうございました。藤田一照さんが、東京自由大学の集まりもサンガのようなものではないかと言ってくれました。サンガという言葉こそ使っていませんが、はっきりと私たちはサンガ的な意識を持って、東京自由大学を一九九九年の二月一〇日にスタートさせました。
なぜそういう意識を持ったかというと、これはシュタイナーの予言があって、それによると、一九九八年をピークとしてソラトという太陽の悪魔の働きが異常に強くなって、エゴイスティックな力とか、暴力とか、あるいは優性思想だとかが非常に強くなってくるというのです。その予言に自分のなかで引っかかるものがあったんです。そこで、一九九八年に向かって準備をしないといけないという意識が非常に強くありました。

このシュタイナーの考え方は、カバラなど神秘学的な数秘学の伝統に基づいていると思います。新約聖書の最後の書の「ヨハネの黙示録」に出てくる獣「六六六」の数の年が、日本では大化の改新の少しあとで、二倍数の「一三三二」年が南北朝のこと、そして三倍数が「一九九八」年。その「一九九八」年に何かが起こるとしても、その前から準備をしなければいけないという思いがあって、私たちは一九九七年に、縄文からの野焼きと、密教の護摩炊きを合体させた「天河護摩壇野焼講」という講を天河で始めました。それを、一九九七年二月三日の節分の祭りからスタートさせましたが、実際には、一九九六年から準備をし始めました。

その延長で、一九九八年の八月八日、「八八八」の日に、「神戸からの祈り」という、阪神淡路大震災で亡くなった人たちの鎮魂の祈りの催しをしました。そういう鎮魂供養の祭りをやっていくプロセスのなかで、一九九八年の五月に、東京自由大学の起草文ができたんです。

基本的には誰がリーダーというのではなくて、みんなが一緒に同志的同胞的につながり話し合いながら、民主的とも言えますけれども、同胞的、同志的な意識で作ってきて、やがて一三年目になるのが東京自由大学です。

あと五年は自分たちの世代が頑張ろうと思いますが、五年たったら、もう完全に次の世代にバトンタッチしたいとみんなで話し合っています。

そのようなことで、共同体の形成という意識は、東京自由大学を作ってきた私たちのなかには強くあります。それは、どこにあっても、たとえば村の共同体であっても、また新しい形態のコミュニティも、共通した問題や課題を抱えていると思います。家族の形態も学びのコミュニティも、いろいろなコミュニティがあると思いますが、そういうなかで、サンガ的な意識や共同体・共同性は非常に重要であるし、「仏教は社会に有用か」といったときに、いわゆる俗社会、一般社会の理念とは違って同じではないけれど、生きていくこと、生存していくことがどういうことであるかを深く見つめ生きていくコミュニティの一つの形として、サンガ的な存在形態は非常に重要な意味があると思います。

そしてこういう時代になったときに、最初の発心の、こういう災害時に何ができるのかという問いを、我々自身一人ひとりがもっともっと深く自らに問いかけつつ、社会の中に食い込むというのか、入り込む形ができなければいけないと思っています。

◆無常観を突き抜けたところに問われる復興

鎌田　これからあとは、会場からの質問を受けながら応答していく形で進めたいと思います。

この前、玄侑宗久《げんゆうそうきゅう》さんが東京自由大学の講座で、「東日本大震災が起こって何かが変わるんじゃないか」というお話をされたけれども、同時に「もう一回同じようなことがなければ変わらないのではないか」というお話しもされた。そのお話に関連して、どういうふうに変わったらいいのか、またなぜ変わらないのか、という質問です。

パネリストの皆さんは、玄侑宗久さんの発言のことも、その文脈もよく分からないと思うのですが、今の問いに対して一つの禅問答としてお答えください。

藤田　人間の社会というのは、今回のような悲惨なことが起ころうが、起こるまいが、どんどん変わっていくわけですよね。今回の震災も、大きな社会の歴史というところからいえば、一つのきっかけにはなっているとは思いますが、僕らが気がつかないきっかけで、微妙に社会は変わり続けている。

先ほども言ったように、もう一方で僕ら凡夫という、普通の人間というのは、今までやり慣れた生き方をずっと続けたいというふうに思いますよね。それは、いろいろ問題はあるけど、それなりにうまくやってきていると思っているので、それが今回のような形でショックを受けて、揺さぶられたとしても、やはり今までやって来たようなやり方、というのが多分引き続きモデルになって、そこに帰っていこうとするというのが普通ではないかと思うんです。

西川先生も言われたように、多分、この地震が起こったタイミングというのも一つ、非常に大事だと思うんです。正直言って、僕は何か地震以前に、もうこれ、いい加減うんざりだよ、日本はいったい何をやっているんだろうな、という閉塞感のようなものが非常にありまして、そういうときにあれが来たので、単なる偶然だと思いますけど、これをきっかけに大きなシフトが起きてほしいと。

これは不遜な言い方ですけれども、何かがガツーンと起こらないと、日本はこのパターンでずっといって、最後にどうしようもなくなってしまうのではないかなと思っていたから、今回のようなことが起これとは思っていませんでしたけど、何かショックになるようなことが来たらいいのではないか、このままの路線ではもうやっていけないということが誰の眼にもはっきりするような状況に早くなった方がいいのではないかとは、うすうす思っていました。

大きな変化というのは自動的に起こるわけはなくて、放っておけば元のように、以前にもどそうという流れが出てくると思うんですけど、一つの希望は、これをきっかけに今までとは違う日本を生み出すような復興の仕方を模索していくべきではないか、という声があちこちで起こっているし、多分、皆さんももう、今までのような日本はもういいよと、新しい方向に変わる、単なる変化ではなくて、よき方向への変革というのか、自覚的にかじ取りをしていかなければいけないのではないかという意識が、僕は高まってきていると感じています。

だから、こういう機運が風化しないように、お互いに呼びかけ合っていく、ということが必要ではないかなと思います。そういう意味で、変わるのは自然の流れでしょうけど、自覚的に変革していくというのは、相当エネルギーと、それこそ英知を結集しないとそういうふうにはなっていかないので、これを悲惨な災害で終わらせるか、よき転機にするかというのは、我々一人ひとりの肩にかかっていると思います。
今の言い方だと、何か他人事みたいな感じに聞こえるので、自分でもうまく言えてないなと思うんですけど。今回の震災を自分の中に自覚的に取り込んで、主体的にこれを受け止めて行動していく必要があります。それができれば僕は、悲劇で終わらないで、変革のスプリングボードになるはずだと思っています。

西川　鎌田先生が言われたように、一九九八年に悪魔的な存在が地上に生まれているなら、今はティーンエージャーになったところですね。本格的に活動するのは、三〇代ごろからでしょうか。もう一つの年代の予言があって、それは一八七九年を起点にします。アグリッパ・フォン・ネッテスハイムが、ミカエルの時代の始まりと言った年です。一八七九年に天でミカエルとサタンが戦って、サタンは地上に落ちるという説です。そして、太陽黒点が十一年ごとに増減することから、その三倍の三十三年を、地上の社会的な事件が生じるリズムと計算します。そうすると、一八七九に三十三×二を足すと、一九四五。それにまたプラス六十六すると、二〇一一、今年です。というふうに、地上に落ちたサタンが原爆や原発事故に関連しているというふうに考えた人が何人もいました。
今、復興に取り組もうとしている方々が、どれぐらい頭が古いか新しいか。多くの方は新しいです。ところが、実力者のなかには古い方がいらっしゃるかもしれませんね。そうすると、明治や戦前やバブルの頃の日本がよかったという思いで、そっちの方への復興を願った場合、これは逆行もしくは元通りですね。そうすると、もういっぺん何かでショックを受けて、今度こそ本当に転換、ということになるかもしれない。

玄侑さんのご発言というのは、日本人は政府や企業や軍部のように見通しが甘くて過ちを繰り返す癖があるので、広島・長崎とあったように、福島の次に何かあってやっと悟る、ということでしょうか。僕たちがどういうふうにこの事態の意味を受け取って、どういう方向に向かうかによって、次がどうなるかが決まってくるように思います。

それから、仏教では場所を清めて結界するということをいたします。仏教でなくても、土地の四隅に塩を盛るとかしますね。勘違いかもしれませんが、何か日本列島の要所要所を、原発で逆の結界みたいな、霊性をストップさせるような結界があるような感じもする。

井上　変わるものは変わるし、変わらないものは変わらないので、しょうがないことはあります。でも、エネルギー問題がどういうふうな方向に進むかは一つの大切な指標になるかなと思います。

エネルギー問題や産業構造の改革で、どちらを選択するかという問題は、欲望中心で人間の自我主体型の方向を選ぶか、あるいは地球の持続可能性を尊重した選択ができるかが問われます。自我の視点からは窮屈かもしれないけれど、地球という母体や他者に優しい思いやりが持てて、悲しいことがあったら悲しいと言えて、合理的に見渡して選択できる人がある数に達すると、政治を担う人々も影響を受けないではいられないような質的な変化を生むかもしれません。いわゆる百一匹目の猿という現象が、そろそろ起こってもいい時代だと思います。

できれば、今回のような大惨事はもうあまり起こってほしくはありません。でもそれは、多分、二〇三〇年くらいをピークに超高齢化社会における大量死時代を迎えて、施設を追い出された人たちが地域でどういうふうに死んでいくのか、という問題とも絡んでくる、総合的なテーマではないかと思います。

もう一つは、戦争の問題です。余剰の再分配というテーマがありますので、戦争をしなくてもいい形で余剰を消費して分かち合っていける社会構造や産業構造を模索してゆける世代を育てていくことです。これまでも欲望主体で生きる人々のなかで、解脱とか悟りを生きる人たちは細々と生き続けてきたし、これからもそうだろうと思います。解脱を志向する人がマジョリティになることはありません。でも、そういうなかでもあきらめずに淡々と、やることをやり続けていくことが重要です。そうすれば、もしかして何かが変わるかもしれないという希望は抱いています。

鎌田　東京自由大学で二〇一一年九月一〇日の人類の知の遺産の講座で玄侑宗久さんが「荘子」をテーマに話をしてくれました。玄侑さんと私たちはその前に、七月二〇日に京都大学のこころの未来研究センターで、震災の研究プロジェクトを立ち上げてシンポジウムを行いました。

そこで、玄侑さんにも連携研究員になってもらって、玄侑さんとか、島薗進さんとか、いろいろな方に問題提起をしてもらいましたが、玄侑さんは、その七月二〇日のシンポジウムでも同じようなことを言われました。

福島で原発事故が起きた。彼のお寺の福聚寺は臨済宗妙心寺派ですが、原発から三〇キロぐらいのところにある。その事故で、福島も日本の体制もこれで大きく変わるかと思ったけれども、変わらないという気持ちが福島の人たちのなかにはかなり強くあり、ストレスも非常に高まっている。

ここで、彼が非常にラディカルな発言をしたんですが、放射能は神道も壊したけれど、仏教の考え方も、思想も壊した。それはどういうことかというと、仏教には「無常」という思想がある。「諸行無常・諸法無我・涅槃寂静《じゃくじょう》」の三法印とか、「一切皆苦」を加えて四法印とかを旗印にしてきた。だけど、二万年も残るようなプルトニウムの汚染があるとするならば、それは私たちの生存の感覚の単位ではもう「無常」という感覚を越えてしまっている。それはほとんど「永遠」に近い。「無常」の想定外になっている。したがって、「無常」を元にして自然のサイクルや人間の生老病死を実感してきたリアリティがあったが、二万年とか、何百万年という単位で起きてくるものに対して、確かにそれはそれで変わるのだが、「無常」という感覚範囲では有効に機能しなくなっている。そういうところを東電はどう補償するのか。してくれるのか。半分冗談で、半分真剣に、その問題を、思想的にも補償という点からも突きつけていました。

そのときに、玄侑さんが、正直、この福島で起こったこと、壊れたことがもう一カ所どこかで起こったら、日本は本当に変わるのではないかと思っている、と話されたわけです。

でも、私のなかでは、もう一カ所はすでに天河で起こったのですよ。玄侑さんは福島県の人で、天河とか那智とは離れているのでちょっと距離感があるかもしれませんが、僕のなかではやっぱり半年後の九月に起こったんです、山津波が。玄侑さんはそれほど深刻にとらえていないかもしれませんが、一六〇カ所も崩落したというのは、東日本の出来事に匹敵するくらい大きい災害・被害だと思っています。これを何年かかって、どういうふうに山を元に戻すことができるのか。吉野杉の山が何十カ所、何百カ所も崩壊しているのですから。それを元に戻すには、やっぱり何百年単位のことが必要なんですよ。そういうことを考えれば、僕はもう一カ所起こったと思っていて、間違いなく私のなかでは完全崩壊したんですね。前の悩みがどこにいってしまったのか、雲散霧消してしまって、もう忘れてしまうような状態に陥りました。頭かち割られ、心かち割られ、そういう割れてしまった心の中から、桃太郎のように何かが次に生まれてくるのか。

私のなかでは、天河とか那智大社とか、もう一回、ここから次に何が生まれてくるのかという課題への挑戦と考えて、それは日本のさまざまな、今までの伝統宗教も同じ形ではもうやれないかもしれないけれど、しかし、これまで先祖たちが守ってきてくれたものは、大変重要な遺産としてまだまだあるんだと。それを次に伝えていくためにも、どう次に生かし切ることができるのか、我々にはそこをもう一回練り直していくという使命があると思っています。

◆出家在家によらず可能性はまだ秘められている

では、次の質問です。

今日のテーマの「仏教は社会に有用か」、この「有用か」というのは、本当にとげが刺さるぐらい痛いタイトルだなと思います。それは、今ある仏教教団、各宗派そのものも存在意義が問われると同時に、そういう中にいらっしゃらない方々が仏教をどう見直してそれに耳を傾けていけるか、という問題だと思います。それに関連して、井上先生がおっしゃった儀式を情報公開していくこと、儀式の意味を問い、確認しつつ、それでも僧侶が必要かどうかというところで本当の存在意義が問われるというのは、まさにおっしゃるとおりだと思いました。

僧侶の世界そのものも何かしら揺るがせられないと再構築されないのかもしれませんが、各宗派のそれぞれかみ合わないところをどうやって乗り越えていくのかといったところも非常に気になります。そういった点についてお話しいただけると非常にありがたいと思います。

では、西川さんからお願いしましょう。

西川　はい。何か難しい質問のときに来るよね（笑）。

井上さんがおっしゃった儀式の公開は、大きなテーマですね。ほとんどの仏教儀式は、専門書で儀礼に関する研究は出ているから、一応公開といってもいいようなものですよね。カトリックのミサだって一応公開されています。

ところが、テキストを読んでも素人ではできない。実際に師匠から教えてもらわないと。儀式をみんなができるような、もっと簡素化したようなもの、要点をよく押さえたものに作り直してみること、これはやってみる価値は大いにあると思っています。十字を切って、福音書を読んで、主の祈りを唱える、という形でも儀式になります。「日本国中、大小の神祇普天卒土の権実二類しかしながら威光倍増のために般若心経」と言って鈴《りん》をならしてから読経するのでもよい。ただ、儀式を作るのは、やはりそれだけの霊感がないと、形のまねではできない。

キリスト教では、生まれた赤ちゃんが危篤状態で、近くに神父・牧師さんがいない場合、素人が洗礼をいたします。洗礼なしに死去すると罪深いというんですね。

ブッダに戻ったら、今のような儀式はなかった。奈良仏教でも葬式はしない。ところが、他の通過儀礼に比べて、葬儀は多くの場合、仏式でやるようになってきました。儒教の影響があるということですね。読経だけでもいいんだけれど、何か儀式の形があれば、それはとても有効と思います。まず音楽があって、それから、その方にゆかりのある経典の読誦があって、そして弔辞というか、その方の思い出を参加者が語り、ふたたび経典読誦と音楽という形はいかがでしょう。

それから、お坊さんたちですね。修行を通して身についた品格を持っていることで、人々がお坊さんを必要と思ってくれるのではないかと思います。

井上　ブッダはご自身の葬儀に関して、出家者は関わらなくていいということをおっしゃいました。だから、仏教そのものは、葬式という儀礼には出家修行者は関わらなくてもいいのです。だから、葬儀社が全部やってくれても構わないと思うんですよ。大切なことは、その儀礼という時空のなかで、亡くなった人に関して善い想い出やつらい想い出を含めて、いろんな涙を一緒に流して、その人との出会いの意味を各自で見出せるような環境が提供できればよいのだと思います。それがグリーフケアの本質です。

儀式には一人ではできない集団的な意味があります。そうした空間演出のなかに、やっぱりみんなとは違う修行をされたお坊さんの存在感のありがたみがあるのではないかと思いますが、そのコーディネーターは葬儀会社でもいいかもしれません。葬式に行く前に、十分に信者さんからサポートしていただける、自信のある新しい世代が育ってくるのが一番と思います。

個人的な看取りの場においても、亡くなっていく人に、あなたはこうでしたと、いちいち真実を突きつけるのは、酷な仕事ですよね。そんなことはしない方がいいと思います。ある意味、伝統的な日本仏教についても同じことが言えます。伝統的日本仏教をどういうふうに看取って、そのあとの新しい世代が、自分たちに必要な仏教を選んで購入できるような宗教消費者を育成すること、皮肉な言い方ですけれども（笑）。そうした、ある意味での合理性を持った人たちが育っていく必要があると思います。

でも、そのなかでもやっぱり、自分たちだけでは何か足りないものがあるから、そこの部分をどうやって補ったらいいのだろう、聖なる空間をどういうふうに演出したらいいのだろうかというところまで考えて、仏教が生まれ変わって選ばれなおしていってもいいかなと思っています。

そんなことが言えるのは、私がどこの教団にも属さず、フリーでずっとブッダのファンをやってきているからです。それがどこかに所属してしまうと、非常に難しい側面がある。そういう難しさを抱えながら生き抜いてゆく大変さがあると思います。

お迎えの話ですけれども、たとえば仏教のアビダンマ心理学のなかでは、亡くなる瞬間に三つのイメージのいずれかを見ると言われています。お迎えを見るというのはその一つです。他には、来世を決定する今生の業が見えてきたり、その業を象徴するシンボルとしての情景が見えてきたりします。そうしたイメージが浮かんできたときに、それに巻き込まれてしまうと業のエネルギーが転送されます。そのときに、そのイメージに巻き込まれずに客観的に見つめて、最後の一息の感覚に戻って無常・苦・無我として見守っていられる意識をどういうふうにトレーニングするかが瞑想修行のテーマです。それが看取りの問題につながります。そうしたノウハウというのは、日本仏教にあまり伝わっていないのかもしれません。だとすれば、そういうものをちゃんと取り返して、ブッダの教えに立ち返って、死に方、看取り方、悲しみ方を学びなおして、それを次の世代を育む力につなげていくことが喫緊の課題です。

そういうことを一生懸命考えていけば、出家者としての仏教修行者に回りのファンがついて、応援してあげようということになるでしょう。今までの仏教はまあまあいいかもしれない。お葬式やお墓もまあまあいいかもしれない。それに加えて生の問題、生老病死の問題に向かい合う新しい仏教実践家たちが生まれて、それにファンが増えてくれれば、自然に問題が解決してゆきます。そういう形でいった方が、伝統仏教との確執が一番少なくてすむのではないでしょうか。でも、それをするためには、本当の出家が必要かもしれません。

伝統的なサンガの定義では、出家しているかどうかは直接言及されません。悟りに向かっているかどうか、聖者の集団かどうかということです。解脱に向かって修行しているので、人々から敬意や供養を受けるに値する集団という意味です。聖なる目的に向かって共に実践する群れの問題です。チンパンジーの世界でも、動物園に隔離されて子育てをすると、赤ちゃんを産んでも育てられない現象が発生します。自分が産み落とした赤ちゃんを見て怖くなって、へその緒が付いたまま走り回るチンパンジーのお母さんがいるそうです。そうしたときには飼育員が、赤ちゃんを取り上げて、へその緒を切って、しばらく育ててから再統合をしてあげると、母親チンパンジーはだんだん学んで子育てができるようになるらしいです。人間の子育てでも、似たような状況が繰り返されています。死を看取り、喪失の悲しみを共にすることができなくなると同時に、子どもが育てられなくなってきているのです。

こうしたことを、自然環境のなかで生と死を共に生き抜いてゆく群れの問題として考え直して、そのレベルで仏教が何を提供できるか、出家修行者がどのように関わってゆくのかというテーマです。そこがつながれば、人々はちゃんと仏教に戻ってきてくれるような感じがしています。

藤田 最初の話で言ったように、サンガというのは、社会の中に存在するわけですけど、社会とは違う価値観で成り立っている。ですから、必然的に、存在自体が社会を批判していることになるわけですよね。批判といっても、デモをしたり、そういうやり方ではなくて、仏法にのっとって。三帰依文のなかに「我僧に帰依します。願わくば、衆生と共に大衆を統理して、一切無礙ならん」というものがあるわけですよ。この統理、法によって統理されている集団をサンガというわけですから、その意味では、存在自体が社会批判になっているんですが、もちろん、そこには自己批判というか、自分のなかの世間というものに対する批判というものがなかったら、それは駄目で、偽善的なことになるわけです。

今の教団はほとんど、教団自体がもう世間になっている。自己批判がないので、世間以上に見事に世間らしいというのが実際なんですよ。そこには、社会に対する批判もなければ、自己に対する批判もなくて、とにかく社会の中でいかにうまくビジネスとしてやっていくか、教団として存続発展していくかということが、ここまではっきりは言わないけれども、みんな一番に考えていることだと思います。

問題は、だから、本当のお坊さんになろうと思ったら、その教団という世間からも出家しないといけない。出家というのは出世間ですからね。だから、どんどん出ていかないといけないことになります（笑）。

それをやる覚悟があるかということですね。

一つ問題なのは、簡単に住職になりすぎているのではないかと思いますね。江戸時代以前というのは、曹洞宗の場合、昔だと二五年はかかっているんですよね。そのくらいの時間がかかりますから、これはぼんくらでは多分なれない。ところが、今、曹洞宗の場合、駒沢とかを出ていると、半年とか、そういう短期間で住職資格が取れるわけなんですよ。それも、どんどん短くなっているようなんですよね。もうこれ粗製濫造もいいとこなわけです。

一番下の教師資格は二等教師というんですけど、これが英訳されると、セカンドランクティーチャー（Second rank Teacher）となっていて、ティーチャーと呼ばれているわけですよ。向こうの人がこれを聞くと、曹洞禅について何かいっぱしのことが話せる人だと思ってしまうわけですよね。ティーチャーって教える人ですからね。ということは、じゃあ、日本では、どういう訓練をしたら二〇代前半の人が、そのティーチャーになれるのかというわけですよ（笑）。

そのとき思ったのは、日本の修行道場というのは、別に先生を育てているわけではないし、二等教師という資格をもらった人が、さあ、これで自分は先生だからみんなに曹洞禅を教えようというふうに思っている人は、非常に少ないと思います。ただ、住職になれる最低の資格は得ている、というだけのことなんですよ。だから、教師資格というその単語自体がおかしいし、六カ月でもらえるけど、もっと何かいろいろ条件をそろえると三カ月でいいとかというのがあって、なるべくなら短い修行期間で済ませたいという人がほとんどなわけです。

こういう体制がどうしてできているのか、ということです。多分、歴史的ないろいろ事情があるんだと思いますけど。そういうことから分かるように、仏教教団ではなくて、何か別な性格の教団、別なグループになってしまっている面が非常に強い。

これはもう、中身が腐った大きな大木のようなもので、これを甦生させるのは無理だから、早く倒した方がいいんだ、と僕の師匠などは言っています（笑）。

むしろ、新しいサンガをまったく別なところで作る方がいい。小さいかもしれないけど、育てていけば大きな木になるから。倒れるのをどうこうしようというのは、下から支えて止めようとしても時間の無駄だから、自分たちが新しいサンガを作ればいいんだ。そのために教師資格が必要なら、ビジネスライクに取っておけばいい。ただ、それはメインの目的ではなくて、先ほどでいえば、学道者になるとして、どこまで自分の修行を深めていくか。そういうところをメインにして、それができやすいように、あとはうまいこと、要領よくやっていけばいいんだという。まわりから余計な邪魔が入らないようにしていけばいいんだ、というのが、基本的に僕は教わったことなので、今まで、少なくとも去年まではそうやってきたわけです（笑）。

去年、うちの宗派の、国際センターの所長とかというのにならされてしまって、内輪の倒れつつある木の中に入ってしまったのですが（笑）。

この間、師匠に会ったときに、もういい加減、嫌だから辞めさせてもらいたいんですけどと言ったら、馬鹿、駄目だ、中で頑張れと言われました（笑）。

あなたとやっていることがだいぶ違うじゃないですか、と言ったんだけど、おれは外でいいんだ。おまえは中でやれと（笑）。

なぜかというと、中に入ってみると、想像していた以上に人間的な世界なので、反面教師が多いといったらおかしいですけど、学ぶことは結構あります。実際、歴史的に必然があってこういうものができているわけだから、そこでちゃんと頑張っている人も確かにいます。

しかし、修行道場を出て住職になった人たちは、お寺に帰りますと、もう仏道修行をやることがないんですよね。そのお寺の運営の仕事をするだけで、学道者であることをぱたっとやめてしまうんですよ。修行道場にいる一年とか六カ月だけ我慢して学道者をやっているわけです。実は帰ってからが本当の学道者の生活を送らなければいけないはずなのに、もう学ぶことはない、必要ないというような感じで、もう止まってしまっているわけです。だから、僕なんかが見ていると、あれだけお寺といういい空間が、それこそ何百年の伝統を持ったお寺があり、それから時間もあるのに、なんで坐禅とか勉強しないのかと、もったいなくて。

それから、檀家さんですが、たとえば僕の安泰寺時代の先輩なんかせいぜい二桁の数の檀家さんのところが多いんですけど、それでも五〇軒としますよね。一家に三人いるとして、一五〇人になりますよね。そうすると、街に出て人の前で何かしゃべっても誰も振り向かないけれども、お寺の住職、五〇軒の檀家のあるお寺の住職が何か言ったら、少なくとも一五〇人ぐらいは振り向いてくれるようなポジションではあるわけです。自動的にね。なのにそういう特権的ポジションすらも生かし切れていない。

だから、もっと、もっと生かせるはずなんです。やる気と創意工夫があればお寺という器、それから住職というポジションを活かせるんです。それから多くのお坊さんは悲しいくらい仏教を学んでいないわけですよ。宗祖の言ったこととか、宗祖がどういう教えを説いているかすら、二等教師なのに、聞いてもはっきり言えないというような状態なんですよ。

だから、まだまだ日本の仏教、伸びしろはいっぱいあるのではないかと思います。伸びしろの存在に気づかせるような指導者がいないといけないと思います。その一つが、海外の人というのは、学道者になろうと思ってお坊さんになっている人が多いわけですよ。日本には、そういう学道者が満ち満ちていると思って日本に来ると、そうではないのでがく然とするわけなんです。それは日本人としては非常に恥ずかしいことなんですよね。まあ、彼らがロマンティックすぎるということも確かなんですが。

しかし、それは可能性ゼロ、将来性がないのではなくて、まだじゅうぶん生かされていないんだと僕は思っていて、それを生かす道を考えるべきなんです。それは、誰かがやってくれるのを待つのではなくて、それぞれのお坊さんが、それこそ菩提心をもう一回再発心して、やらなければいけないことだと思います。

そのためには、在家からのプレッシャーというのが非常に大事で、在家の人が、もっと仏教に対して理解と、期待をはっきり打ち出して、お坊さんに迫ってくれれば、そのプレッシャーというのか、外圧になるので。それがもう一つの可能性かなと思っています。

それから、サンガ（僧伽）というのは、もうこれからは、お坊さんとか在家とかに関わりなく、皆さんが、別に頭をそったり、法衣を着たりする必要はないんですけど、隠れキリシタンというのがあったように、隠れ仏教者というのがあって、普通の格好をしている男女が街のそこここに暗躍するような形で、それで、夜な夜なではないけど、定期的に集まって、サンガ的な活動をして、また散っていく、そういうゲリラ的というような形もあり得ると思います。

ですから、僕は可能性はまだまだあって、生かし切れていないリソースがいっぱいあるというふうに思っていますので、ぶつぶつ文句を言っている暇があったらやるべきことをちゃんとやれ、というようなことを、自分とか回りのお坊さんに言いたいと思っています。（拍手）

鎌田　今、藤田さんから二等教師の話が出たんですが、それを引き継いで。私は高校時代に、一番なりたくなかったのは学校の先生と坊さんでした。それは、はっきり言うと、説教がましいからです。説教と行動が一致していたならば尊敬できますけれど、説教と行動が一致していない人が、僕が見る限り、学校の先生とお坊さんには非常に多かったことが、それになりたくなかった最大の理由です。

特に、伝統仏教は俗、俗の俗、俗たる部分をやっぱりうちに含んでいて、腐食が非常に進んでいて、『千と千尋の神隠し』でいえば、腐れ神ですけれど、腐れ仏のようになっているような状況が我々の回りに進行しているのだと思います。

そういうなかで、神主を養成するのも同じ事態が実はあるんですね。僧侶の養成も非常に腐食が進んでいるなかで、どういうモチベーションと理念と、実際の行動力を持つ僧侶を養成していくことができるかというのは、これからの最大の課題だと思います、どの分野でも同じでしょう。後継者問題です、核心は。神主さんも同じで、やはり、自分の家の神職を継ぐというだけではモチベーションが上がらないんですよ。そういうなかで、どういう意識を持った神主さんが登場するかによって、次の世代がやっぱり変わります。

一九九二年に神戸で青年神職会が「好きやねん、神さん」というシンポジウムをやりました。そのときに、ライアル・ワトソンとかいろいろな人が招かれて、僕もそこに行って、神道の未来についてどう思いますかと訊かれたときに、「おもろい神主」さんが出てくる以外に道はないと言いました。その「おもろい神主」というのはどういうことかというと、神道の本質にかなっているかどうかということです。「おもろい」というのは、「面が白い」ということです。「面が白い」というのは、天の岩戸が開いて神の光が面に当たるということです。それが「おもろい」ことなので、おもしろおかしい吉本興業的なことをやれば面白いというのではないんですよ。神の光を受けて何かが始まるということ。そのときに、「おもしろ楽し」というのが次に出てくるんですが、「楽しい」というのは、自然に手が伸びていくこと、「手伸し」がいわゆる踊りになるんですよ。要するに、神楽、神事、芸能になっていくので、そういう「面白楽し」に動かされつつ生きている人が僕にとっては「おもろい神主」さんなんです。それで、私は「おもろい神主」さんになりたいから、「神道ソングライター」になって歌を歌って、人にばかにされて、人に笑われる立派な人間になるというのが、私のポリシーです（笑）。

笑われないと、やっぱり駄目ですね。人に尊敬だけされているのは、やっぱり悪。悪魔のささやきで（笑）。

でも、人に笑われている限りは、まだまだ余地があるというか、伸びしろがある。だから、その伸びしろの部分で、実際に自分のばかげたことをやることが、非常に大事なことなのではないか。その「おもろい神主」の芸能の部分なんですが、これは非常に豊かで、私は未来を切り開くひとつのリソースというか、伝統は、やっぱりその芸能的なものだと思うのです。芸能・芸術はやっぱり、宗教・宗派を越えます。仏教でもそういう部分、祈祷という宗教的なものではいろいろなものがあっても、声明なら声明の持つ美しさとか、心に響くものとか、そこから生まれてきた琵琶法師であるとか、いろいろな芸能がありますね。仏教が含んできた儀礼性。

それはもちろん神道儀礼にも影響を与えながら、山伏神楽《やまぶしかぐら》など、いろいろな民俗芸能が生まれてきた。そういうところから、近代的な芸術も影響を受けながら展開してきているわけですけれど、そういう新しい表現の世界をクリエイトしていく人が、もっともっと坊さんでも、神主さんでも、ほかの宗教・宗派でも出てくれば、僕はまだまだ宗教が社会的に毛嫌いされるのでもなく、警戒されるのでもなく、いろいろな創造力の達成につながっていくと思っています。

では皆さん、それぞれ最後に一言をお願いします。

西川　友がいる、仲間がいるというのは本当に有難いことです。僕が今まで出会った人々は、みな善人、善知識でした。自分が思っている以上に多くの方から愛されていることに気づいて、もったいないと思うことが度々ありました。僕もみんなのことを愛しています。幸福を願っています。僕たちの発するオーラが世界を変えていくでしょう。そこには、冥衆定《みょうしゅさだ》んで降臨影向《ごうりんようごう》し給《たま》うらん、でしょう。

井上　震災が起こった翌日に、クリントン長官が福島原発に冷却するための真水を提供するという情報がありました。でも、それは廃炉を前提としての申し出だったので政府は断ったということでした。そのニュースをネットで見たときに、アメリカはもうすべて知っていたのだなと思ったのです。最近やっとBSなどで、福島型の原発がどれだけ危険性を伴ったものか、設計者を含めてやめた方がいいという議論がどれだけあったのかに関しての情報が公開されてきていますよ。そうした情報が公開されていくなかで、私たちが何を選択するかという問題だと思います。

お坊さんが主催する葬儀の情報公開、あるいは原発の危険性の情報公開。原発という産業構造のなかで、地元に金をばら撒きながら、働く人がどれだけ抑圧されて、危険な状態のなかで働かされているかという現実。先生が怒られたのは、そういうことだと思うんですけれども、そういう情報公開が少しずつなされていくなかで、私たちがどれだけ本当の意味で合理性を使っていくか。それはお葬式の問題において私たちがどれだけ目覚めた宗教消費者になれるかという問題と似たところがあるような気がします。そうしたら、如来もそのようにやって来てそのように去っていけるかもしれません。

藤田　トップクラスの天文学者の海野和三郎先生が如来のはからいと言われました。僕は胸に響いたんですけど、多分、自分が置かれている状態を如来のはからいだと思える、受け止められるのは人間だけだと思うんですよね。皆さんがそういう感性をシェアできれば、おのずから進む道が見えてくるのではないかなと僕は思っているんです。（拍手）

鎌田　「仏・法・僧」という三つのテーマを立ててこの講座を進めてきましたが、その最後となる今回は「仏・法・僧」の「僧」、「サンガ」の問題を中心に、「仏教は社会に有用か」、お坊さんは社会に有用か、ということを問いかけました。三人のそれぞれの出家者、および出家経験者、私のようにフリーランス神主という取り合わせで、今まで三回のシンポジウムをやってきたわけですけれど、私たちの社会的使命は、こういうことを愚直にきちんと問いかけていくことだと思いました。そして、この我々の論議をきちんとまとめて社会に向けて発信していく。それをこれからの作業としてやっていきながら、さらにその次の展開として何をやっていくかを改めて問いかけていきたいと思います。

燃えさかる願いというか、私たちに今必要なエネルギーは、発電よりも発菩提心、「発心」ではないでしょうか。その菩提心をもう一回奮い立たせて、そこから先をどうやって越えていくことができるのかということに尽きるのではないかと思います。

三人のパネリストの先生方には、本当にご参加ありがとうございました。（拍手）

（法螺貝の音）

〔章括〕

本当の自分に触れ、つながりあう基盤に――井上ウィマラ

ブッダは解脱した直後、教えを説くかどうか逡巡しました。自分の悟った法（ダンマ）はとても奥深く、社会のメインストリームを構成する欲望ベースの生き方には逆流するものであるため、理解する人はいないだろうし、説く自分も疲れるだけではないかと思ったからです。しかし梵天の勧請《かんじょう》を受けて、この世界にはブッダの教えを理解する機根を持ち合わせた者がいること、彼らはブッダの教えに出会わなければその誠実さゆえに逆に不幸になってしまいかねないことなどを洞察して、説法開始を決意します。それから初転法輪がなされ、最初の解脱した出家修行者の共同体である聖なるサンガが形成されます。

こうして仏法僧の三宝が整い、解脱を完成させた聖者が数十名ほどに達したとき、ブッダは弟子たちに「多くの人々の利益と幸福」のために、それぞれが遊行しながら自分自身の言葉で法を伝えるようにと、伝道に旅立たせます。そして、彼らが中核となって各地にブッダの教えを実践する修行共同体が広まっていきました。サンガは法が社会のなかに生かされるための媒体であり、ブッダは社会によき貢献ができるように実践的コミュニティの大切さを

サンガ・モデルとして示されたのではないかと思われます。

ブッダが布教を開始してから最初の十数年くらいの間は、多くの弟子たちが聖者であったため、戒律を制定する必要はありませんでした。ごく初期の戒律にあたるものとしては、出家修行者は医療行為や占いなどをして信者を集めてはならないとか、世間的な利益のために超能力を見せびらかしてはならないといった、聖者としてのエチケット的なものが主なものでした。一般社会との距離の取り方は難しいものです。たとえ聖者であっても、ブッダの目から見たら適切でない行為もあったわけです。特に、医療行為や霊能力の使い方などに関しては、解脱の教えの真髄を薄めてしまうところがあるために、その使用は出家サンガ内のみに限定され、在家者に対する使用は厳しく規制されていました。出家した聖者の生き方は、あくまでも生老病死を超越した解脱のモデルであるべきだと考えられていたのでしょう。

現代に伝えられている戒律は、ブッダの布教人生の中期から後半にかけて制定されていったものです。大乗仏教も、そうした生活規律をほぼ同じように守りながら、思想や実践の多様性として同時多発的に発生してきたのではないかと考えられます。戒律は、多くの凡夫を抱えた僧院仏教のなかで必要とされた生活規範であることを知っておく必要があるでしょう。

ブッダがサンガに対して戒律を制定していった経緯を見てみると、一般社会の宗教に対する理想やニーズを知り、それらに答えながらも出家修行者たちが欲望ベースの社会的引力に巻き込まれてしまうことがないように心を砕かれていたことが分かります。托鉢によって生計を維持する出家サンガは、いわば社会の寄生虫でありながら、同時に精神的な解毒剤としての機能を発揮し続けなければならないからです。

こうしたブッダ在世当時のサンガの姿を基盤として、現代の日本社会において仏教が社会に有用な役割を果たせるようになるためには、まずは、葬式仏教の形式に本当に魂を込めなおすことが必要でしょう。葬式や法事の形式にはグリーフワークとしての大切な要素が巧みに埋め込まれています。お坊さんたちがそうした本質を勉強し、葬儀会社からも学びながら、檀家の方たちにきちんとしたグリーフケアを提供できるよう、生前から檀家の一人一人と関係を築いていく努力を開始すべきだと思います。

今回の東日本大震災では、仏壇も位牌も過去帳もすべてが流されてしまった人々が少なくありませんでした。そうした宗教的な依り代なしでも、ご先祖様を供養し、亡くなった御魂が成仏できるような方法を示すことができるか、実力が問われます。

もちろんそのためには、成仏とはどういうことかを理解し、檀家さんたちに説明することが必要です。そうしたことができれば、医学や心理学領域におけるＰＴＳＤやグリーフの理論やケアの手法なども手を取り合って、新しい協力関係を築いてゆけるのではないかと思います。そのために私自身は、コンステレーションという手法を心理療法のセッションや病院や葬儀会社などによる遺族会などでも活用してもらえるように工夫を始めたところです。

今回の大震災は、無縁社会が問題になってきた直後に発生しました。復興支援においては、絆やネットワークの結び方が大切なテーマとなっています。そのために、新しい社会を作り出すための大きなビジョンが必要となります。こうした状況下で仏教が日本社会に提供することができるものは、貪瞋痴《とんじんち》の三毒を超えた小欲知足の生き方や、無常・苦・無我に基づいた死生観、そして涅槃という幸福観に基づいた生き方の指針なのではないかと思います。そうした大きなブレない指針の下で、具体的な問題を一つずつ解決しながら現場での実践を積み重ねていくことが求められます。

原発事故に象徴される戦後の日本社会や企業体質が抱える問題を改め、新しいエネルギー政策の方向を模索するために仏教が提示することのできる指針も少なくありません。持続可能な産業構造のなかで人権を大切にするシステムを構築できる政治家や、利益の再配分に心を配る経営マインドを育てるためには、政治家や企業人の心をケアし、彼らの精神的指南役を果たせる仏教者が求められます。それは、個人でもいいですし、そうした方向性で実践を積み重ねているコミュニティでもいいのではないかと思います。

無縁社会や孤独死といったテーマは、地縁や血縁による人と社会のつながり方が急激に薄れてきたことによります。家族構成も大家族から、核家族、今では離婚や再婚を経た複合家族へと大きく変わってきています。結婚という制度にはまらずに子どもを授かり育てる生き方もどんどん増えていくでしょう。こうして制度は変わっていったとしても、男女が出会って、愛し合って、命を授かり、苦労しながら他者や社会の力を借りて子どもを育て上げていくという過程は変わらないのではないかと思います。それは、哺乳類として進化してきた人類が選んだ道だからです。

ブッダは出家修行者たちに対して、「親が子を思うように、子が親を思うように」という喩によって師弟関係の理想を教示しています。執着を断つという作業と、親子の絆や愛着の大切さというのは、別な次元の問題なのです。これは最近の心理学の研究によっても明らかにされてきました。私たちが健全な人間として成長していくためには、生まれてから数年間をかけて育まれる絆や愛着が必要不可欠な条件になります。大切なものを失ったり、人生の様々な危機に遭遇したりしたときの対処反応には、そうした人生初期に形成された性格パターンが大きく影響してきます。

悟りや解脱には、それまでの自分自身に関する思い込みを手放すための予期不安や悲嘆が伴います。ある程度の健全な自我の強さがなければ、そうした厳しい作業には耐えられません。出家集団における師弟関係のモデルとして親子間の思いやりの喩が使われたのは、絆や愛着に託された養育的器の大切さをブッダがよく理解していたからだと思われます。新しい社会づくりのなかでは、地縁や血縁に代わって、子育てや看取り、介護や治療などといった共通の目的によってつながりあうご縁が重要な役割を果たしていくのではないかと思われます。そうした社会においてこそ、仏教のサンガ・モデルは一般社会のなかでその有用性を最も発揮しやすい時代を迎えているのかもしれません。

ブッダの時代に出家によって保障されていた自由のいくらかは、現代社会では在家としても充分に手に入れることができるようになりました。経済的自立の基盤や、思想や信条の自由が保障されているからです。独身で修行することでしか体験できない命の力というものもありますが、僧院生活の中に逃げ込んで人生から逃避するという落とし穴もあります。出家修行というライフスタイルの利点を、現代社会のなかで最も良い形で生かすためには、二六〇〇年前の戒律をそのまま墨守することは賢い選択ではないでしょう。もちろんそうした伝統を守ることが可能な地域ではそれが望ましいことに異存はありません。しかし、今の日本で仏教の本質を社会のために役立てようと思うのであれば、解脱や悟り、あるいは瞑想実践を共通の目的とした実践共同体としてのサンガ精神を基盤としてつながりあう運動のうねりが現代仏教の展開の基軸となることが求められるのではないかと思うのです。

人が人生の危機を生き延びるためには、本当の自分に触れる体験が必要です。それは、言葉にできない、言葉にした瞬間にウソになってしまうような、あたたかくて涙の出るような体験です。そうした体験をする瞬間、私たちは一人きりになっていながら、同時に周囲をあたたかい見守り環境で包まれ守られているように感じるものです。そうした状況のなかで私たちの深い罪悪感のようなものが抱き留められ、許され、思いやりへと変容していきます。

現代の日本人が必要としているのは、こうした環境のなかで生老病死のすべてについて共に学んでゆける群れなのです。その群れ（サンガという共同体）こそが、大自然から技術や文明によって切り離されてしまった現代人にとっての第二の自然であり、生き延びるための必須条件なのではないかと思っています。

あとがき――仏教は世界を救う！

《仏教は世界を救うか？》、つくづく大上段なタイトルだと思う。そのような問いの立て方でいいのか、と批判される方もいると思う。そこに、仏教を特別視し、特権視する見方や立場があり、そのような問いの立て方自体に問題があるのではないか、と。

だが今、改めて、思う。このような、ストレートで愚直なタイトルを掲げてよかった、と。本書は、この問いをタイトルに掲げて、三回のシンポジウムを行った記録である。

その発言と議論の中身は本書を読んでいただきたいが、この間に、東日本大震災が起こったこともあり、この問いとタイトルが、いっそうアクチュアルでコンテンポラリーになったと思っている。

シンポジストの三人は、それぞれに、ユニークな実践的な活動や知的作業を続けてきた面々である。一筋縄ではいかない、柔軟性と剛直性と芯（信・真・心）を持っている。

その三人が、ＮＰＯ法人東京自由（地涌？）大学という、現代の「寺子屋」に集って、「仏教は世界を救うか？」と、大真面目に喧々諤々の議論をしようと企図したのだから、「東京自由大学」

という「大学」も、浮世離れしているというか、面白くも、変な「大学」である。

だが、そのような愚直な「問い」を真面目に問いかけることができるところこそが、真の「大学」であるとわたしたちは考えている。その「大学」に、この問いかけを深めていくのにふさわしい三人の現代の奇人・変人・賢人が集まった。画期的な出来事であったと、まずは自画自賛しておきたい。

しかし本当にそれが「画期的な出来事」であったかどうかは、これを読んでくださる読者の皆さんの「こころ」と「たましい」が判断することである。ぜひ、本書を自由自在に読み取り、糧としていただければ幸いである。

ここに集った三人は、そして、司会者のわたしを入れた四名は、たぶん、本気で、「仏教は世界を救うことができる」と考えていると思う。ただし、その思いの強度と方法論（方便）は異なるだろうが。

少なくとも私は、「魔」というしかないモノを体験した三〇代の半ばに、「仏教は世界を救うことができる」と確信した。

そんなわたしの捉え方は、本シンポジウムのなかでも述べたように、「仏教は、世界の諸宗教の『サニワ』（審神者）になることができる」、「仏教は、心と関係の解毒剤となることができる」、「それによって、さまざまな関係修復や認識修復を行うことができる」というものであり、「仏教は、『心直し』と『世直し』に活用できる実践智であり、リソースである」、と要約できる。

シンポジストの三方が、同じような見解を持っているかどうかは分からないが、そのいくつかは共有できるのではないかと思っている。

二〇一一年三月一一日に、東日本大震災が起こり、その後、わたしは東北の被災地四五〇キロをほぼ半年に一度、四回巡ってきた。直近には、本年（一二年）夏、八月二四日から二七日まで、NPO法人東京自由大学の夏合宿「東日本大震災被災地を巡る鎮魂と再生への祈りの旅」で巡った。いずれの場合にも、言葉にならないさまざまなもの・ことがあった。

四国の阿波徳島育ちのわたしにとっては、その被災地巡りは、お遍路さんのような、八八ヶ所巡礼のような時間と機会であった。訪問する先々で、現代の仏菩薩の姿を垣間見たように思う。そこに、仏教の現在と未来があったと思う。

なぜなら、仏教は、つねに、いつも、「苦」のあるところに立ち現われ、さまざまな仕方で寄り添い、人々を、いのちあるものを力づけ、気づかせ、導いてきたからである。

そのような仏教の「発願《ほつがん》」が立ち現われる現場に入っていったように思う。そして、それは、今も続いている。

わたしたちNPO法人東京自由大学の愚直な問いは、現代に甦り、現代を生き、未来につながる「三宝〔仏・法・僧〕」の力とはたらきを問いかけ、それを現代に甦らせることにあった。

その答えは、多分、禅問答同様、決まったものはないだろう。だがそれは、「如来」のように、おのずと立ち現われるだろう。その「如来自在」を俟《ま》ち、共に生きることができる、と確信している。

わたし自身は、そのような如来自在力とともに、「神仏諸宗習合共働《ともばたらき》フリーランス神主」として、これからもしっかり、「神道ソングライター」として「遊戯《ゆげ》」していきたい。今後とも、どうぞ、よろしくお願いいたします。これまでの皆さま方のご厚情に心より感謝申し上げます。

かみほとけ　いのちとひとの　ゆくさきに
よりそうごとく　みちてたちたり

鎌田東二拝

二〇一二年九月一〇日

仏教は世界を救うか ［仏・法・僧］の過去／現在／未来を問う

2012年11月28日　初版発行

著　　者　井上ウィマラ・藤田一照・西川隆範・鎌田東二

発 行 者　増　田　正　雄

発 行 所　株式会社　地《ち》　湧《ゆう》　社
東京都千代田区神田北乗物町16　（〒101-0036）
電話番号：03-3258-1251　郵便振替：00120-5-36341

装　　幀　宇治　晶

本文組版　ギャラップ

印　　刷　株式会社シナノ パブリッシング プレス

ISBN 978-4-88503-221-9　C0015